유행과 전통 사이,
서울 패션 이야기

유행과 전통 사이, 서울 패션 이야기

종로, 동대문, 명동, 이태원, 성수동의 패션 문화사

초판 1쇄 2024년 9월 3일 발행

지은이 임은혁, 예민희, 허민, 이지은, 고윤정, 김희량
펴낸이 김성실
책임편집 김성은
표지 디자인 김현우
제작 한영문화사

펴낸곳 시대의창   **등록** 제10 - 1756호(1999. 5. 11)
주소 03985 서울시 마포구 연희로 19 - 1
전화 02)335 - 6121   **팩스** 02)325 - 5607
전자우편 sidaebooks@daum.net
페이스북 www.facebook.com/sidaebooks
트위터 @sidaebooks

ISBN 978 - 89 - 5940 - 850 - 4 (93380)

종로, 동대문, 명동,
이태원, 성수동의
패션 문화사

유행과 전통 사이,
서울 패션 이야기

임은혁
예민희
허 민
이지은
고윤정
김희량

시대의창

일러두기

1. 《 》는 책, 〈 〉는 영화 제목입니다.
2. 서울역사아카이브, 국립중앙박물관, 서울역사박물관, 국가기록원, 서울기록원 등 출처
   의 이미지는 모두 공공누리1유형으로 개방된 이미지를 사용했습니다.

미리 보는 용어

가먼트 디스트릭트garment district 패션 클러스터보다 작은 범위로 원단, 부자재, 봉제 등 주로 의류 제조 관련 업체들이 집약되어 있는 구역을 말한다.

상향 전파 이론 유행이 사회 조직의 낮은 계층에 의하여 채택되었다가 점차 높은 계층으로 이동하여 수용된다는 이론.

쇼핑 투어리즘shopping tourism 쇼핑과 투어리즘의 합성어로 패션 산업에서 확장된 창조 산업의 영역이다. 다양한 일자리 창출과 외국인 관광객 방문을 통해 도시 이미지 제고 및 부의 창출이라는 긍정적인 영향을 끼친다고 알려져 있다. 면세 상품, 전통 상품, 로컬 상품, 럭셔리 상품 등 쇼핑을 통해 문화 경험을 장려하는 도시 활성화의 방법이다.

스웨트숍sweatshop 1830~1850년대 산업혁명 시기 영국에서 처음 사용된 단어다. 당시 의류 공장에서 땀 흘리며 일하는 노동자들은 '스웨터sweaters'라 불렀는데, 이들의 열악한 작업 공간 혹은 시스템을 '스웨트숍' 또는 '스웨트시스템sweat system'이라고 부르기 시작했다.

어트랙션attraction 투어리즘의 맥락에서 '어트랙션'은 역사, 문화, 자연, 오락 등 다양한 경험을 제공하여 방문객을 끌어들이는 장소 및 행사를 의미한다.

인스타그래머블Instagrammable '인스타그램에 올릴 만한'의 뜻으로 소셜 미디어 플랫폼인 인스타그램에서 주목과 참여를 끌어낼 가능성이 있는 소재나 장소를 의미한다.

패션 디스트릭트fashion district '패션 지구'로 번역할 수 있다. 패션 상점이 밀집해 있고 패션 소비 또는 패션과 밀접하게 관련된 다양한 활동이 활발히 이루어지는 지역을 의미한다.

패션 클러스터fashion cluster 패션 브랜드, 제조, 유통, 판매, 마케팅, 교육 등 패션 산업과 관련된 업체들이 지리적으로 광범위하게 집적되어 있는 곳을 일컫는다.

하향 전파 이론 유행이 사회 조직의 높은 계층에 의해 채택되었다가 점차 낮은 계층으로 이동되어 수용된다는 이론.

프롤로그

#하나

서울은 유구한 전통을 품은 최첨단 도시로 과거와 미래가 공존하는 곳이다. 지리학, 역사학, 경제학, 여성학을 포함하여 다양한 분야에서 많은 연구자가 서울을 심도 있게 다뤄 왔다. 이 책의 저자들은 서울 곳곳에 산재한 '패션fashion'에 주목했다. 서울은 독특한 패션사史를 가지고 있다. 궁핍했던 일제 강점기, 포목 상점들이 일본 직물을 거래하며 성장한 동대문 일대는 오늘날 국내 최대의 의류 도매 시장으로 자리를 잡았다. 6.25 전쟁 이후 양장점, 미장원, 양복점이 빼곡히 들어선 명동은 빠르게 상권을 형성하고 최신 유행을 이끌었다. 이렇듯 서울을 서울답게 만든 요인에는 '패션'이 자리하고 있었다. 그 배경에는 섬유 산업을 바탕으로 성장한 우리나라 산업 구조의 특성은 물론 패션이 가진 창의적이고 혁신적인 특징이 작용했다.

이 책의 저자들은 국내외 단행본, 기사, 잡지, 논문 등에 흩어져 있는 서울에 관한 자료들을 고찰한 후 패션의 관점으로 해석하고 분석했다. 그 결과, 서울의 대표적인 패션 디스트릭트fashion district로 종로, 동대문, 명동, 이태원, 성수동 다섯 곳을 꼽았다. 이 지역들은 서울에서 패션의 제조, 판매, 소비를 담당하며 성장한 곳이다. 즉 패션은 이곳의 '장소성placeness'을 형성하는 데 큰 영향을 미쳤다. 이 다섯 곳은 각 지역의 문화가 패션과 결합한다는 공통점을 가지면서도 서로 다른 장소성을 흥미롭게 보여 주고 있다. 이런 측면에서 그동안 우리가 몰랐던 서울의 패션 이야기를 하나씩 풀어갈 수 있을 것이다. 각 지역의 패션 디스트릭트의 역사부터 그곳을 중심으로 나타나는 패션 현상 그리고 그 양상이 시사하는 바를 짚어 봄으로써 생각할 소재를 제공하고 나아가 서울을 바라보는 우리의 시선에 새로운 관점을 제시하고자 한다.

#둘

1장 '종로'에서는 우리나라의 전통 복식인 한복을 중심으로 서울을 바라본다. 종로는 조선 복식 문화의 중심지였다. 특히 양반의 복식 문화는 왕실 의복과 장신구를 중심으로 나타났는데, 종로에는 이를 제작하는 장인들이 모여 있었다. 조선의 멋쟁이들은 자연스럽게 종로로 모여들어 유행을 선도했다. 특히 지금의 보신각 자리의 육의전六矣廛은 비단, 명주, 모시, 무명 등의 직물 판매권을 독점하면서 종로가 한복 유행의 거점이 되는 계기를 마련했다. 한복을 중심으로 한 종로의 장소성은 현재까지 이어 오고 있다. 종로에는 한복 상점과 더불어 옛 복식을 볼 수 있는 박물관이 밀집되어 있고, 다양한 한복 관련 축제가 열리고 있어 여러 방식으로 한복을 감상할 수 있다. 또 상점에서 직접 구매할 수 있을 뿐 아니라 이색적인 체험도 병행할 수 있는데 고궁을 중심으로 종로 일대에서 자주 볼 수 있는 '체험 한복'이 대표적이다. 체험 한복은 소셜 미디어를 활발하게 이용하는 젊은 세대를 중심으로 확산하여 고궁을 인스타그래머블Instagrammable한 곳으로 만들었다. 이렇게 1장에서는 조선 시대부터 오늘날까지 한복 문화의 거점인 종로를 이야기한다. 그리고 현재 종로의 고궁을 중심으로 성행하는 한복 체험에 대한 다양한 견해를 살펴보고 한복 중심지로서 종로가 나아갈 방향을 제시한다.

 2장에서는 한 세기가 넘는 기간 동안 서울의 대표적인 패션 디
스트릭트로 명맥을 이어 온 동대문 시장을 다룬다. 동대문 시장
은 1905년 '광장주식회사'의 설립으로 시작되었고, 6.25 전쟁 이
후 원단과 의복 등 구호물자가 다량 유입되면서 의류 산업의 중심
지로 성장했다. 1960년대에는 기성복 수요의 증가와 함께 국내 섬
유 산업의 호황이 찾아왔다. 평화 시장, 동대문 종합상가 등 현대
식 상가가 잇따라 세워지면서 동대문 시장은 우리나라를 대표하
는 패션 클러스터fashion cluster로 자리 잡았다. 2장에서는 4대 패션
도시 중 하나인 뉴욕의 가먼트 디스트릭트The Garment District와 동
대문 시장을 비교했다. 더불어 동대문 시장이 세계적 규모의 패션
클러스터가 될 수 있었던 역사를 살펴보고 현대의 모습을 갖춰온
과정을 둘러본다. 2000년대 이후 동대문 시장은 제품 아웃소싱을
담당하거나 카피 제품을 제작하던 과거의 단조롭고 수동적인 대
량 생산에서 벗어나 다품종 소량 생산이 가능한 탄력적 의류 제조

시스템을 갖춰나갔다. 의류 제조와 관련된 제반 공정, 도매 및 소매 그리고 패션 위크까지 아우르며 패션 산업을 관통하는 핵심 생태계를 형성했다. 이처럼 2장에서는 어떻게 동대문 시장이 K-패션의 과거와 현재를 지탱해 왔는지 동대문 시장의 유기적 구조를 들여다본다. 아울러 K-패션의 미래를 이끌어갈 신진 디자이너와 브랜드의 보금자리로서 동대문 시장의 가능성을 재조명하고자 한다. 마지막으로 우리나라 섬유 · 의류산업의 주역인 1970년대 평화 시장 노동자들의 열악한 노동 환경을 되짚어 보고, 스웨트숍 sweatshop과 관련된 글로벌 의류 산업의 끊이지 않는 윤리적 문제를 함께 알아본다. 이로써 동대문 시장을 통해 패션 산업이 나아가야할 방향으로 논의를 확장한다.

3장에서는 6.25 전쟁 이후 폐허가 된 서울에서 가장 빠르게 상권을 회복하고 최신 유행의 선도 지역으로 거듭난 명동을 살펴본다. 명동은 일제 강점기였던 1934년에 미츠코시Mitsukoshi 백화점이 입점할 만큼 번화한 곳으로 손꼽혔다. 이는 광복 이후에도 명동이 최신 유행을 이끄는 장소로 거듭날 수 있었던 배경이었다. 명동은 패션 리더들을 끌어들일 뿐만 아니라, 다방을 중심으로 1970년대 청년 문화를 태동시켰다. 많은 사람의 추종을 받으며 다양한 형태로 유행의 거점이 되었으며 하향 전파trick-down와 상향 전파bubble-up가 자연스럽게 이루어진 명동의 패션 전파 과정을 확인할 수 있다. 외국 문화를 빠르게 수용한 유명 연예인, 여대생, 고위층 부녀자들이 유행을 확산시키며 하향 전파가 나타났고, 다방과 '통기타 거리'의 젊은이들이 청년 문화를 창조하고 확산시킴으로써 상향 전파가 나타났다. 3장에서는 유행의 전파 과정을 통해 패션 디스트릭트로서 명동의 변천을 살펴본다. 더불어 한 세기가 넘도록 소비 문화 공간으로서 뚜렷한 정체성을 보여 주는 명동을 '쇼핑 투어리즘shopping tourism'의 개념으로 살펴봄으로써 패션 투어리즘을 탐색한다.

4장에서는 낯선 외국인의 지역으로 알려진 이태원을 미국식 클럽 문화가 유입된 통로이자 독특한 스타일의 발생지로 설명한다.

이태원은 외국인을 대상으로 의류 산업을 발전시킨 역사와 이를 바탕으로 사회문화적 다양성을 아우르게 된 지역적 특징이 있다. 이태원은 6.25 전쟁 이후 '기지촌'이 형성되면서 다양한 문화가 공존하는 장소로 거듭났다. 1960년대부터 다양한 미국식 클럽이 흘러들어와 이태원에는 음악, 댄스, 패션 등 클럽 문화가 유입되면서 젊은 세대가 주도하는 독창적인 스타일이 탄생했다. 1990년대 이태원의 힙합 클럽은 1세대 K-팝 댄서와 가수들은 물론, 우리나라 패션 문화에도 커다란 영향을 미쳤다. 또한 이태원에는 다양한 인종과 체형을 아우르는 맞춤 양복점이 성행했다. 이를 바탕으로 외국인 관광객을 끌어들였고, 88 서울 올림픽 이후에는 '패션 관광 디스트릭트'로 거듭났다. 이방인을 중심으로 형성된 이태원의 장소성은 의류 상인들에 의해 재생산되었다. 이렇게 현대사를 지나오며 형성된 이태원의 장소성은 젠더, 인종, 신체 사이즈 등 사회문화적 다양성이 공존하는 장소성으로 확장된다. 4장에서는 이태원을 다양성의 관점으로 조명함으로써 패션 산업에서 나타나는 포용의 이슈를 탐구한다.

5장에서는 서울의 대표적인 패션 '힙 플레이스'로 새롭게 떠오른 성수동을 다룬다. 과거에 물자 운송의 요충지였던 성수동은 1950~1960년대 대형 신발 브랜드가 들어서고 하청 업체들이 함께 유입되며 국내 제화 산업의 중심 지역으로 떠올랐다. 그러나 2000년대 제화 산업의 위기로 오랫동안 낙후 지역으로 남아 있었는데, 2010년대 중반에 접어들면서 패션 '힙 플레이스'로서 주목받고 있다. 현재 성수동은 유명 패션 브랜드의 매장부터 트렌디한 카페, 다양한 팝업 스토어가 밀집되어 있다. 성수동이 새로운 장소로 거듭난 배경에는 과거에 제조업을 기반으로 한 성수동만의 역사가 있다. 5장에서는 제조 산업을 발전의 원동력으로 삼은 성수동으로부터, 패션을 비롯한 문화·예술 콘텐츠를 통해 복합 문화 공간으로 거듭난 성수동을 이야기한다. 성수동과 같이 산업적 쇠퇴로부터의 문화적 부흥이라는 유사한 여정을 지닌 해외 도시 사례를 함께 살펴보며 앞으로 성수동이 나아가야 할 방향에 대해 생각해 본다. 더불어 성수동이 어떠한 매커니즘으로 트렌디한 사람들이 모여 힙한 이미지를 갖게 되었는지 플라뇌르flâneur와 힙스터

hipster 등의 개념을 통해 들여다본다. 이를 통해 패셔너블한 복식을 착용하고 거리를 거니는 사람들이 도시의 패션 문화에 미치는 영향을 살펴본다.

#셋

도시의 정체성과 문화는 관광 산업의 핵심 경쟁력으로 주목받고 있다. 이에 세계 여러 도시가 패션을 전략적으로 활용하면서 '패션 투어리즘fashion tourism'이라는 개념이 등장했다. 패션 투어리즘은 패션을 경험하기 위해 익숙하지 않은 공간에 머무르고 여행하는 현상을 말한다. 이 책에서 살펴보는 종로, 동대문, 명동, 이태원, 성수동은 대표적인 패션 디스트릭트로, 관광객을 서울로 끌어들일 수 있는 매력적인 요소를 가진 장소다. 이 책은 제조, 판매, 소비에 이르기까지 패션을 통해 새겨진 장소성에 주목한다는 점에서 서울 내 특정 지역에만 초점을 두고 있지만, 강남, 홍대와 같은 패션 소비가 활발하게 이루어지는 지역들 역시 서울의 패션 디스트릭트로서 패션 투어리즘의 요소가 될 수 있다. 관광객에게 패션 디스트릭트는 미술관 및 역사적 명소와 함께 어트랙션attraction 장소이다. 패션 투어리즘은 도시를 소비의 장소로 홍보할 뿐 아니라 도시의 패션 헤리티지를 구축하고, 나아가 도시의 창조적 가능성에 이목을 집중시킨다.

패션은 높은 부가 가치를 지니고 있어 도시에 트렌디하고 혁신적인 이미지를 부여하고 도시 경제에 긍정적인 영향을 미친다. 민족학자 마리 리겔스 멜키오르Marie Riegels Melchior는 패션은 도시에 현대적인 이미지를 부여하고 패션을 통한 경제 효과는 사회로 확대된다고 했다. 패션 이미지는 도시를 트렌디하며 관광할 만한 곳으로 인식시키고, 나아가 국가적 차원의 경제 발전에 이바지한다는 것이다.

패션과 도시는 공생하는 관계다. 파리와 런던은 각각 여성복과 남성복의 수도라고 불리며, 18세기부터 패션 도시fashion city로 알려졌다. 텍스타일 제조업은 파리와 런던에 활기를 불어넣었고 산업혁명의 근간이 될 만큼 도시의 발전에 영향을 미쳤다. 19세기 말에는 밀라노, 20세기에는 뉴욕도 패션 도시에 합류했다. 21세기에는 아시아의 도시들이 성장하면서, 도쿄와 함께 상하이와 홍콩도 탄력을 받았다. 이처럼 패션은 도시가 번성한 원인이자 결과이며, 도시의 변화를 함께 좇아간다. 서울도 세계적인 대도시로 자리 잡으면서 글로벌 패션 소비 지역을 넘어 혁신적인 패션 아이디어를 생산하는 장소로 변모하고 있다.

패션은 도시의 문화 경제와 창조 산업을 부흥하는 데 중심적인 역할을 한다. 창조경제에서의 패션의 역할에 관해 연구한 앨런 스콧Allen Scott은 로스 앤젤레스가 패션 중심지로 떠오르게 된 경쟁력을 분석한 바 있다. 스콧은 도시가 패션 중심지로 변모할 수 있는 배경으로 융통성 있는 제조 기반, 짧은 시간 내에 높은 수준의 작업이 가능한 기술집약적인 하청업체 클러스터, 패션 교육 및 연구 기관의 뒷받침, 국제적으로 홍보되는 패션쇼를 비롯한 패션 이벤트와 패션 미디어 인프라, 해당 도시만의 패션 및 디자인 전통, 패션 산업과 다른 문화 산업 간의 공식적 · 비공식적 연결 등을 꼽았다. 서울은 K-팝이라는 문화 산업과 패션의 연결을 비롯하여 스콧이 제안한 체크리스트를 두루 갖추었다.

　서울 곳곳에 새겨진 패션은 우리가 몰랐던 서울의 모습을 보여주며 패션 투어리즘의 관점에서 서울의 가능성을 제시한다. 종로, 동대문, 명동, 이태원, 성수동에 자리한 패션 이야기는 패션과 도시와의 관계에 집중함으로써 서울에서 패션이 지닌 의미에 주목하게 한다. 패션 도시는 패션을 상징적으로 생산하는 곳이다. 서울의 패션 이야기는 과거와 현재를 관통하며 시간을 아우르고, 곳곳에 분포한 패션 디스트릭트라는 장소와 깊은 관계를 맺는다. 즉, 서울의 시공간은 패션을 상징적인 문화적 산물로 만들 힘을 갖췄다. 이 책을 통해 서울을 패션 도시로 거듭나게 한 문화적 장면을 포착하고 향후 서울의 패션 헤리티지를 정립할 가능성을 발견할 수 있기를 바란다.

차례

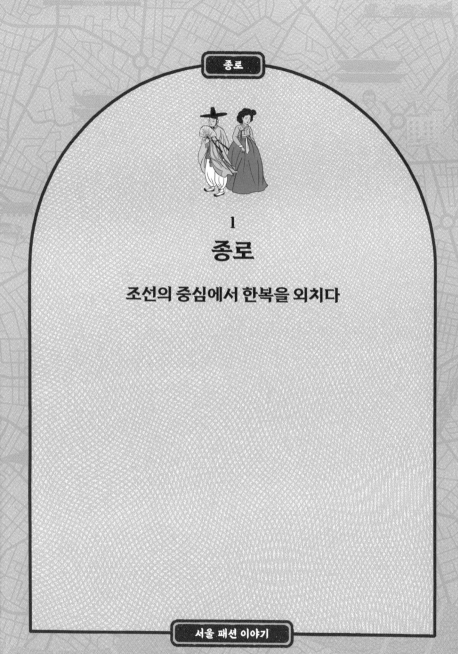

종로

1

종로

조선의 중심에서 한복을 외치다

종로는 조선의 모든 인력과 물력이 집합하는 장소
였다. 복식 문화를 선도하는 왕실의 옷감 유통, 이를 제작하는 장
인匠人 그리고 조선 멋쟁이들에 의한 유행까지 당시 의생활의 핵
심이 종로에 집중되었다. 이러한 종로의 장소성은 현대에도 이어
져 한복 문화를 선도하는 지역으로 손꼽히고 있다. 종로대로 사거
리에 자리했던 육의전六矣廛은 비단, 명주, 모시, 무명 등 여섯 가
지 품목의 판매를 독점하며 종로를 직물 관련 상품의 중심지로 만
들었다. 6.25 전쟁 이후에는 포목과 주단을 취급하는 점포가 성행
하게 된 광장 시장으로 유통 구조가 이어지면서 종로는 시대를 불
문하고 한복 유행의 거점으로 정착했다. 더불어 종로는 한복을 볼
수 있는 한복 상점과 박물관 그리고 행사가 밀집된 장소이기도 하
다. 전통적으로 한복은 여러 분야의 장인에 의해 완성된 것으로,
조선 시대 각 분야의 장인들이 종로를 무대 삼아 활약했다. 현재
종로의 많은 박물관을 비롯한 갖가지 행사는 당시 장인의 솜씨를

전승함으로써 후대로 하여금 높은 수준의 복식 문화를 경험하게 한다.

특히 2010년대부터 등장한 체험 한복은 서울의 궁과 종로를 다시 활기차게 만들었다. 광화문 앞, 조선 시대 군복을 입은 수문장들과 한복을 입고 셀카봉을 든 관광객들의 모습은 어느덧 서울을 대표하는 풍경으로 자리 잡았다. 또한 인스타그램Instagram이나 유튜브YouTube와 같은 소셜 미디어를 통해 활발하게 공유되고 전파되는 체험 한복 현상은 서울을 방문한 관광객이 한복에 담긴 역사와 문화에 흥미를 느끼고 있음을 보여 준다.

본 장에서는 종로에서 특유의 생산 시스템을 바탕으로 성장하여 진화를 거듭한 한복에 관한 다양한 이야기를 하고자 한다.

실 바늘부터 유행의 창조까지,
한복 디스트릭트

    종로는 조선 상업의 중심지이자 패션의 발상지였다. 조선의 건국과 함께 나라의 수도를 개성에서 한양으로 천도한 이후 종로 사거리에는 800여 칸의 대규모 국설 시장인 시전市廛이 생겼고, 태종대代에는 현재의 광화문 인근부터 종묘와 남대문에 이르기까지 1300여 칸에 이르는 상점이 조성되었다. 특히 비단, 명주, 모시, 무명, 종이, 어물 여섯 가지 주요 품목을 판매하는 종로의 육의전이 상품에 대한 독점권을 가지고 있어 직물 관련 상품 거래는 반드시 종로를 거쳐야 했다. 육의전에는 수백 명에 이르는 상인이 조합을 이룰 정도로 직물 거래가 활발했다.[1] 조선 시대의 직물은 단순히 옷을 만드는 재료가 아닌 나라에 바치는 세금이자 화폐였다.[2] 따라서 육의전의 직물은 종로의 경제적 가치를 형성하는 중요 품목이었다. 육의전의 전통은 근현대까지 이어져 보신각 뒤편 관훈동에 주단거리가 조성되었고, 2000년대 초반까지 고급 원단으로 제작한 전통 한복을 판매하는 주단집이 밀집되어 있었다.[3] 현재에도 종로3가에서 종로5가까지 많은 한복집이 자리 잡고 있다. 이제는 서울의 상권이 변화하여 다른 지역에서도 한복 및 한복 직물을 취급하게 되었고 유명 한복 디자이너들과 대형 프

종로1가의 옛 주단집(출처: 서울역사아카이브).

랜차이즈 대여점이 청담동과 신사동을 중심으로 강남 지역에 터
를 잡았다. 하지만 한복의 중심지는 여전히 종로라는 인식이 남아
있으며 실제로 한복 매장이 가장 많이 밀집된 지역 역시 종로다.

한복 생산과 유통의 중심지

종로가 한복에 특화된 디스트릭트로 인식되는 이유
는 한복 매장과 각종 부자재 매장이 모여 있는 광장 시장이 있기
때문이다. 광장 시장의 역사는 조선 말기로 거슬러 올라간다. 19

세기 후반 개항 이후 일본과 중국의 상인들이 서울을 장악하면서 조선의 상점들은 위기를 맞았다. 명동을 넘어 종로의 상권을 위협하는 일본 상인들에게 대항하기 위해서 종로와 동대문의 조선 상인들은 광장주식회사를 창립했다. 광장주식회사는 1905년 동대문 시장이라는 이름의 최초의 상설 시장을 운영하기 시작했는데 광복 이후에는 시장의 규모가 커지고 시장법이 개정되면서 광장 시장이라는 명칭을 사용하게 되었다. 이곳이 현재의 종로 전통 광장 시장이며, 굴곡 많은 서울의 현대사를 거치며 살아남은, 우리나라에서 가장 긴 역사를 지닌 상설 시장이다. 광장 시장은 6.25 전쟁 때 불타버렸고 이후 1959년 재건한 것에 증축을 거듭하여 현재의 건물이 만들어졌다. 새로 지은 시장에 포목과 주단을 취급하는 점포가 대거 입점하면서 광장 시장은 기존의 주력 상품인 청과물, 곡물, 해산물 등의 식품과 함께 포목, 주단, 양품, 부자재 등의 의류 소재를 종합적으로 취급하게 되었다.

2000년대 이후 광장 시장은 서울을 관광하는 외래 관광객들의 필수 방문 장소로 자리 잡았다. 특히 가장 번화한 동문과 북2문, 남1문이 만나는 거리에 형성된 먹거리장터가 상당수의 미디어에 소개되면서 우리나라의 스트리트 푸드를 경험할 수 있는 대표적인 전통 시장이 되었다. 그러나 광장 시장의 활성화 요인을 분석한 한 연구에 따르면 소비자들이 광장 시장을 긍정적으로 생각하

광장 시장 남문 한복 직물 도소매점.

는 가장 큰 요인은 전문 의류 부문인 한복으로 나타났다.[4] 즉, 광
장 시장의 한복은 역사와 전통에 기반을 둔 전문성을 가지고 있으
며 이는 외래 관광객들에게 광장 시장이 다른 전통 시장과 차별화
되는 장점으로 작용한다고 할 수 있다.

　현재 시중에서 판매하는 한복은, 형태적으로는 전통 한복과 신
한복, 제작 방법으로는 맞춤 한복과 기성 한복으로 분류할 수 있
다. 일반적으로 전통 한복은 조선 시대 후기 형태의 저고리, 치마

또는 바지를 기본 차림으로 하여 그 위에 배자, 전복, 두루마기, 도포 등의 겉옷류가 더해진다. 2010년대 이후 등장한 신한복은 일상 생활에서 편하게 입을 수 있도록 디자인한 허리치마와 철릭 원피스 드레스를 필두로 한복의 디자인 요소와 서양복 패턴을 결합한 형태를 띤다. 광장 시장에는 이러한 전통 한복과 신한복 기성품뿐만 아니라 맞춤 한복 제작을 위한 원부자재 판매 및 제작 시스템이 모두 갖추어져 있다. 총면적이 4만 2150제곱미터에 달하는 광장 시장은 도로의 한 블록을 차지할 정도로 넓어 동서남북의 출입구로 구역을 구분한다. 한복과 관련된 주요 품목이 밀집된 구역은 북문과 남문이다. 먼저 북1문으로 들어가면 삼베 수의壽衣 전문 거리가 있다. 이곳에서는 여름 옷감을 구매할 수 있는데 전통적인 평직의 모시와 삼베는 물론 다양한 프린트와 자수가 놓인 모시도 판매하고 있다. 만남의 광장에서 동문으로 가는 길 왼편에는 면棉을 취급하는 매장이 줄지어 있다. 아동복, 이불, 누비 등에 사용되는 면직물을 판매하고 있으며, 천연 염색이나 공예 작품에 활용하기 쉽도록 면, 모시, 실크 원단에 마감 처리까지 한 스카프와 손수건 등을 찾아볼 수 있다.

남1문과 남3문까지의 샛길에는 한복 직물 도소매점과 기성품 매장이 있다. 실크, 화섬(화학섬유), 모시, 삼베 등을 취급하는 직물 도매집이 모여 있고 성인 한복, 아동 한복, 생활 한복 등 기성품

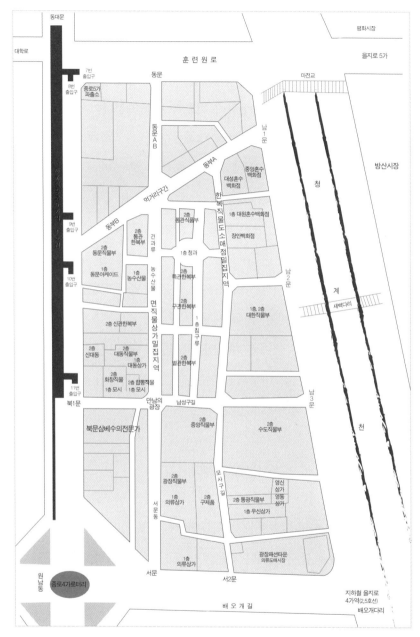

광장 시장 도면.

을 판매하는 매장이 있다. 대표하는 상품들이 매장 외부에 진열되어 있어 원하는 품목을 찾기 쉽다. 특히 '잔아 백화점'이라는 이름의 단독 상가는 과거 백화점들이 별도의 건물을 짓는 대신 '숍인숍shop-in-shop(가게 안에 또 다른 작은 가게를 운영하는 것)' 형태로 들어온 흔적이 남아 있고 건물 내부에는 다양한 아동 한복 판매점이 모여 있다.5 그 주변에 태사혜太史鞋, 당혜唐鞋, 수혜繡鞋 등을 판매하는 꽃신집이 인접해 있다. 남1문에서 남3문까지의 길에서는 한복을 제작하고 갖추어 입는 데 필요한 대부분의 상품을 구매할 수 있다. 직물과 부자재를 구입하여 원하는 한복을 만들고자 한다면 바느질방에 제작을 의뢰할 수 있다. 광장 시장의 2, 3층과 상가의 골목에 있는 작은 건물들에는 개인이 운영하는 작은 바느질방이 있다. 보통은 광장 시장 내부의 주단집이나 직물 매장과 연계된 상품을 만들지만 개별 주문도 받는다.

조선 멋쟁이들의 집결지

소비가 활발한 상업 지역에는 늘 멋쟁이가 모이는 법이다. 종로의 궁 주변에는 조선의 멋쟁이인 사대부와 관리인 그리고 예술인이 모여 살았다. 조선 후기의 회화 작품인 혜원惠園 신윤복申潤福의 〈야금모행夜禁冒行〉이나 〈유곽쟁웅遊廓爭雄〉에는 여러

계급의 인물이 등장한
다. 상체에 꼭 맞는 저
고리와 풍성한 폭의 쪽
색 치마 차림으로 등장
하는 조선의 예술인 기
녀, 한밤중에도 눈에 띄
는 홍의紅衣를 입고 노
랑 초립草笠을 쓴 패션
리더 별감別監6 그리고
양태가 넓은 갓을 쓰고
중치막中致莫을 입고서
거리를 배회하는 양반
남성에 이르기까지 신
분의 고저를 막론하고
한양의 거리에 모여 있
다. 이러한 풍경은 당시

야금모행(출처: 국립중앙박물관).

유곽쟁웅(출처: 국립중앙박물관).

관리들의 자택이 많았던 북촌, 기생들의 거주지였던 청진동, 서린
동, 다동에 이르는 종로 일대가 배경이었을 것이다.

조선 시대 복식 문화의 흔적이 현재까지 남아 있는 곳은 창덕궁
앞 '돈화문로'에서 찾아볼 수 있다. 돈화문 앞부터 종로3가로 이어

지는, 큰길 돈화문로는 조선의 주작대로朱雀大路로서 궁궐과 민가를 잇는 중심 공간이었고, 국왕이 행사하는 어로御路로서 왕이 백성을 직접 만나 그들의 이야기를 듣는 소통의 공간이었다. 돈화문로는 정조의 수원화성 행차 시 출발점이었으며, 순종의 어차御車인 캐딜락 리무진이 다니던 길이다. 일제 강점기 이후에는 조선 왕실이 해체되면서 궁궐 문화인 궁중 복식, 궁중 음식, 국악 등이 궁 밖으로 나오게 되었다.[7] 이에 돈화문로 주변으로 다양한 전통문화 산업이 형성되기 시작하였다. 지금은 많은 사람이 찾는 관광 명소이자 한옥 거리로 유명한 익선동, 창덕궁과 종묘 사이의 돌담길인 서순라길 등 전통적인 분위기와 현대의 감성을 결합한 상권이 형성되었다.

돈화문로 뒷골목으로 들어가면 한옥 상점이 즐비한 익선동이 시작된다. 현재는 레트로retro 스타일 혹은 한국적인 힙스터 문화를 즐기려는 관광객들이 찾는 상권이지만 이곳은 1950~1980년대까지는 고급 요릿집인 요정이 밀집되어 있었다. 개항 이후 1920년대에 신문물을 접할 기회가 많았던 당시의 기생들은 단발에 양장 차림을 최초로 수용한 특수 계층이었다. 그러나 일반 여성과 여학생들의 양장 착용이 점차 보편화되자 기생과 여학생을 구별하기 위해서 기생의 양장 또는 한복과 서양복을 혼용한 반양복半洋服 착용을 금지했다. 일상생활에서는 이런 규제가 잘 지켜지지 않은 것으로 보이지만, 기생이 요정에서 일할 때는 쪽 찐 머리에 한복을 입어야만 했으므로 한복은 기생의 공식적인 유니폼으로 인식되었다.[8] 이러한 영향 때문인지 광복 이후 양장이 일상화된 사회적인 분위기에도 요정의 기생들은 계속 한복을 착용했다. 가장 유명했던 요정 오진암(현재 이비스 호텔 자리) 주변으로는 기생들이 입는 한복을 판매하는 상점이 많았다고 한다.[9] 익선동의 요정은 군사정권 시절에 정·재계 인물들이 드나들며 성업하였으나 1990년대 이후부터 요정 문화가 쇠퇴했다. 오진암이 철거된 지금은 한복집이나 공방들이 대부분 사라졌고 이비스 호텔 정문 앞에 세월의 흔적이

이비스 호텔 앞의 한복 매장.

도드라지는 몇몇 한복 의상실과 자수집이 자리를 지킬 뿐이다. 그러나 익선동 골목에서 돈화문로로 이어지는 길에는 화려한 무대 의상을 디스플레이 해 놓은 한복 매장들이 남아 있다.

당시의 트렌드세터trendsetter라고 할 수 있는 조선 멋쟁이들의 공간인 돈화문로에는 이제 맞춤이나 대여를 원하는 일반 소비자들과 공연 한복을 찾는 예술인들이 모여든다. 이 거리에는 한복 상점이 모여 있는데, 맞춤 한복뿐 아니라 국악 공연용 무대 의상이나 궁중 의상 등을 취급하는 곳이 많다. 여기서는 조선 시대 복식의 원형에 가까운 한복부터 무대 효과를 위해 화려하게 제작된 작품까지 다양한 한복을 구매할 수 있다. 공연을 목적으로 하는 예술인들이 자주 찾는 장소인 만큼 현재 돈화문로의 한복 매장은 공연의 성격에 따라 한복의 원형을 재현한 의상, 창작극을 위해 디자인된 무대 의상, 무용 전공자들을 위한 연습복 등을 판매하는 공연 한복 전문점이 주를 이룬다.

돈화문로의 한복집 중에는 다른 지역에서는 찾아보기 어려운 '고전 의상실'이라는 이름의 매장들이 눈에 띈다. 자신들이 판매하는 옷감으로만 한복을 지어주는 주단집과는 달리 고전 의상실에서는 구매자가 개별적으로 준비한 옷감을 원하는 디자인에 맞게 제작할 수 있어 차별화된 공연 한복을 원하는 예술인에게는 최적의 시스템이라고 할 수 있다. 1964년 광화문에 디자이너 이리자

돈화문로의 고전 의상실.

가 처음으로 고전 의상실을 열었고, 이후 종로를 중심으로 하나둘 씩 들어서면서 1978년에는 서울에만 고전 의상실이 100여 개가 넘었다고 한다.[10] 이제는 서울시 전체를 통틀어 몇 군데 남아 있지 않다. 돈화문로에는 화려한 공연 한복을 전문으로 제작하며 영업 을 이어가는 매장들이 거리에 담긴 역사를 보여 주고 있다.

　이외에도 돈화문로의 많은 공연 한복 전문점에서 혼수 한복과 일반적인 맞춤 한복을 함께 취급하고 있다. 전통 한복을 바탕으로 디자이너의 감각에 따라 컬렉션을 선보이는 디자이너 브랜드 매 장도 심심찮게 찾아볼 수 있다. 그러므로 돈화문로는 무대 의상을 찾는 예술인뿐만 아니라 전통 복식에 가까운 한복을 구매하고자 하는 방문객에게도 적합한 장소이다.

종로 주단집의 호황과 스타 디자이너의 탄생

현재 한복의 종류 중 가장 많이 소비되는 품목은 결혼식 예복용 한복이다. 2010년대에 이루어진 한 조사에 따르면 한복의 구매 목적 및 착용 용도에서 혼례가 차지하는 비중이 각각 54.5퍼센트, 87.5퍼센트로 나타났다. 이를 통해 결혼식 예복용 한복이 한복 산업에서 핵심적인 아이템임을 알 수 있으며[11] 실제로 종로의 한복 매장 간판에서도 혼수 한복이라는 용어를 쉽게 볼 수 있다. 혼수婚需란 결혼하는 데 필요한 물품으로, 신혼 주거에 필요한 가정용품 일체와 신랑이 신부 측에 보내는 납폐納幣, 신부가 신랑의 친족에게 주는 예단을 포함한다.[12] 한복 매장에서 혼수 한복으로 지칭하는 품목은 일반적으로 신랑과 신부의 예복용 한복과 양가 어머니가 결혼식 때 입는 혼주 한복이다. 혼수 한복이라는 용어가 처음 사용된 것은 1990년대 초로 추정된다. 예로부터 혼수에는 의복이 중요 품목으로 포함되었고 그 의복, 즉 한복은 당시 일상복을 의미했으므로 혼수 한복이라는 단어가 별도로 사용되지 않았다. 그러나 한복이 예복화되면서 혼수용이 되었고 이에 혼수 한복이라는 용어가 등장했다.[13]

1960년대 이후에는 일상복으로 한복보다는 양장을 선호했지만 결혼식과 같은 중요 행사에서 한복은 빠질 수 없는 혼수 품목이었다. 조선 시대의 혼수 의복은 시아버지의 도포, 시어머니의 저고리와 치마, 시어른들에게는 이불, 신랑의 저고리, 바지, 두루마기 등이었으며 신부는 자신이 입을 저고리와 치마를 해갔다. 이로 미루어 볼 때 전통적으로 혼수에서는 의복을 중요하게 여겼음을 알 수 있다.14 서울에서 가장 큰 시장인 광장 시장은 폐백 음식, 이불, 그릇, 양장과 같은 혼수에 필요한 다양한 품목을 갖추고 있고, 수많은 전문 주단집이 있어 결혼 준비의 성지였다. 신랑은 저고리와 바지에 배자 또는 답호를, 신부는 녹색 저고리에 홍색 치마綠衣紅裳를 맞추는 구성이 결혼을 준비하는 예비부부의 혼수 한복 필수 코스였다.

광복 이후 결혼 준비 과정에서 갖추는 예단의 품목을 조사한 한 연구에 따르면,15 1960년대까지는 신랑 신부의 한복과 시부모님의 한복 또는 한복감을 마련하고, 일가친척에게는 버선 정도가 일반적이었다. 그러나 1970년대에 접어들면서 신랑 신부의 예복으로 한복뿐 아니라 양복 수트와 코트가 추가되었다. 시부모님께 드리는 예단도 한복과 한복감은 물론 양복, 이불, 반상기 등으로 품목이 늘었다. 이에 맞추어 일가친척에게도 한복을 기본으로 이불까지 보내는 등 혼수품으로서 주단과 포목의 수요가 갈수록 늘

광장 시장 혼수 한복 매장(출처: 서울역사아카이브).

었다. 이러한 예단 문화는 1990년대 까지 이어져 좁게 는 일가부터 넓게 는 시가 친척의 한 복까지 신부가 준 비하는 경우가 많

았다. 보통은 신랑 신부의 한복을 맞춘 곳에서 결혼식에 입을 양가 어머니의 한복을 주문했고 어떤 경우에는 집안 식구들의 한복까지 주문하기도 하여 결혼 시즌이면 광장 시장의 주단부를 비롯한 종로의 한복 매장은 늘 북적였다. 이렇듯 종로의 한복 상권은 1980년대에서 1990년대까지 호황을 누렸다.

한편, 1970년대부터 시작된 한복의 기성복화 역시 한복 산업 부흥의 배경이 되었다. 한복을 마련하는 방법으로 가정 내에서 직접 제작하는 가내 봉제보다는 한복을 전문적으로 취급하는 주단집에서 맞추어 입거나 기업화된 매장에서 기성 한복을 구매하는 경로를 선호했다. 한복 전문점에서는 금박, 은박, 자수, 그림 등 가정에서는 구현하기 어려운 화려하고 다양한 장식이 가미된 스타일의 한복을 선보였다. 〈선데이 서울〉과 같은 대중 주간지는 새로운 디자인의 한복을 입은 연예인의 화보를 자주 포함했다. 즉 한

복이 일상복이 아닌 예복의 기능만을 하는 추세가 계속되면서 고급 의상으로 변모한 것이다.[16]

다채로운 색과 다양한 디자인의 한복을 골라 입을 수 있게 되면서 한복 산업은 호황을 맞이했고, 이에 따라 스타 한복 디자이너가 탄생했다. 그 예로 경복궁의 동문인 건춘문 맞은편에는 서울 미래유산으로 지정된 '이리자한복'이 있다. 1971년 신설동에서 광화문으로 자리를 옮긴 이리자는 '범국민복장콘테스트'에서 수상한 후 여러 국제 미인 대회에서 민속의상상을 수상하여 이름을 알리기 시작했다. 이후 영부인과 주한 외교관 부인의 한복을 지으면서 스타 디자이너로 발돋움했다. 1950년대 말부터 디자이너들은 한복 산업에 관심을 가지고 패턴과 재단, 봉제에 서양 바느질법을 접목하였는데,[17] 이리자는 기존의 일자 치마 패턴에서 양쪽 끝을 잘라 한복 치마에 최초로 A-라인 패턴을 적용했고 저고리에는 기존의 진동선 대신 조끼형 패턴을 개발하여 어깨 부분을 색동이나 아플리케로 장식했다. 이렇게 변화된 한복 패턴은 어깨가 좁고 키가 커 보이게 하는 효과가 있어 많은 인기를 끌었다.[18] 이는 현재에도 한복 제작의 기본 패턴으로 사용되고 있다.

시대의 흐름에 맞춰 현대적인 감각의 한복을 선보이고자 하는 디자이너들의 도전은 계속되고 있으며, 종로는 그들의 비전을 실행할 수 있는 토양이다. 2000년대 이후 젊은 한복 디자이너들은

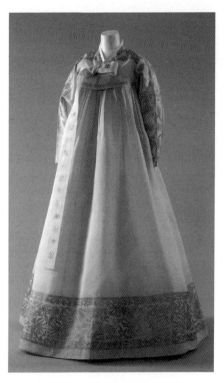

이전과 다른 새로운 한
복, 이른바 '신한복'을
내놓았다. 신한복은 한
복의 불편한 점을 개
선하여 일상에서 편하
게 착용할 수 있는 디
자인을 개발하자는 취
지에서 제안되었다. 신
한복 브랜드에서 디자
인한 철릭 원피스 드레
스와 허리치마의 등장
은 한복에 새로운 패러
다임을 제시했다. 이러
한 아이템의 유행으로

이리자 기증 한복(출처: 국립민속박물관).

많은 디자이너가 신한복 사업에 뛰어들어 시장이 성장하는 계기
가 되었다. 신한복은 전통적인 소재와 형태에서 벗어나 다양한 스
타일의 한복으로 전개되었다. 기존 한복에서 주로 사용했던 소재
인 실크, 화섬과 함께 관리가 편한 면이나 신축성 있는 울을 사용
하고, 디지털 프린팅으로 전통 문양을 더 저렴한 방식으로 다양하
게 구현했다. 디자인 역시 한복의 원형을 변형하거나 서양복에 한

복의 구조, 문양, 디테일을 접목함으로써 판매 품목을 늘리고 한복과 서양복의 경계를 넘나들고 있다. 신한복은 한복의 전통적인 조형성을 살리면서도 고루하고 불편한 한복의 기존 이미지를 탈피해 20~30대 젊은 층이 접근하기 쉽게 했다. 더불어 이들은 새로운 스타일의 신한복을 입고 고궁을 배경으로 찍은 사진을 소셜 미디어에 게시하였는데 이는 하나의 놀이 문화로 한복도 '힙hip'할 수 있다는 인식이 생겨났다.

한편, 전통과 현대의 경계를 넘나드는 신한복 디자인에는 한복의 전통적인 조형성이 익숙한 계층에게 공감을 얻지 못하는 측면이 있다. 또한 신한복 디자이너가 발표하는 새로운 한복 디자인은 전통성을 왜곡 또는 약화한다는 문제로 논란의 대상이 되기도 한다. 전통 복식을 변형한 새로운 스타일의 한복에 대한 비판과 우려는 현재만의 이슈가 아니다. 이리자는 1970년대 한복계의 이단아로 불렸으며, 디자이너 이영희의 1994년 파리 컬렉션은 저고리 없이 치마만을 입은 모델의 모습에 국내에서 한복의 정숙미와 전통을 망쳤다는 비판을 받았다.[19] 세월을 더 거슬러 올라가면, 조선 후기에는 갈수록 길이가 짧아지는 여성의 저고리를 요사스러운 복식이라고 비판하는 사대부 남성들의 항의가 빗발치기도 했다. 그러나 이리자는 현대 한복의 선구자로 인정받고 있으며 이영희의 한복 치마 드레스는 외국에서 '한국의 기모노'로 불리던 한복의 제 이름을 찾아주었다. 조선 시대 후기의 짧은 저고리는 더 이상 요사스러운 복식이 아닌 우리나라 전통 복식으로 자리 잡았다. 이렇듯 복식의 변화에는 언제나 양가적 입장이 존재한다. 앞으로도 한복은 다양한 변주를 보여 줄 것이다. 이에 따른 열광과 논란이 계속되는 가운데 종로라는 역사적 의미의 장소에서 한복은 어떤 방향으로 발전하고 진화할지 관심을 가지고 지켜보아야 할 것이다.

종로를 무대 삼은
솜씨 좋은 장인들

조선 시대 복식과 관모 그리고 각종 왕실의 공예품을 제작하는 장인의 역할은 영조대의《속대전續大典》, 정조대의《대전통편大典通編》, 고종대의《대전회통大典會通》까지 이어져 소개되었다. 그러나 조선 시대 장인들은 종로를 무대 삼으며 왕실의 화려한 기물과 의복을 제작하였음에도 신분이 미천하다는 이유로 알려진 바가 거의 없다. 다행히 장인의 역할과 종류를 기록한 문헌과 조선 말기부터 근대기까지 활동한 기산箕山 김준근金俊根의 풍속화를 바탕으로 장인에 대한 연구가 꾸준히 진행되고 있고, 무형문화재의 전승과 진흥에 대한 새로운 보호 제도가 출범하는 등 장인에 대한 권위와 정통성을 부여하는 노력은 계속 이어지고 있다. 이 절에서는 종로에서 활동한 장인의 삶과 역할에 주목하여 한복을 주제

갓일(출처: 민족문화대백과사전).

로 박물관과 축제를 함께 소개하고자 한다. 전통을 계승하고 보존하는 장인과 장인 정신으로 만들어진 전통 한복은 K-패션의 뿌리와 토대일 뿐 아니라 디자인 차별화의 밑거름이 될 수 있다.

왕실 공예품을 제작하는 장인

조선 시대에는 특정 상류층뿐 아니라 서민층도 혼례 같은 특별한 경우에는 장인에게 복식과 공예품의 제작을 의뢰했다. 솜씨가 뛰어난 장인들은 17세기 후반부터 18세기 후반까지 관청에 소속되어 관장官匠이라 불렸다. 그러나 이들 대부분은 신분이 미천한 하층민이었을 뿐 아니라 하나의 제품을 여러 분야의 기술 장인이 모여 함께 만들었기 때문에 작품에 이름을 새길 수가 없어 '익명의 예술가'라고도 불렸다. 다행히 《경국대전經國大典》에 장인이 제도화되고, 조선 후기 왕실 의례에 대한 기록을 남긴 《의궤儀軌》에 장인의 명단이 낱낱이 기록되어 있어 왕실의 공예품을 만든 장인의 종류와 역할을 상세하게 알 수 있다.[20]

《경국대전》에 따르면, 의복과 관모 그리고 각종 왕실의 공예품을 제작하는 장인에는 상의원尙衣院, 제용감濟用監, 내수사內需司 등에 소속된 침선장針線匠, 능라장綾羅匠, 염색장染色匠, 모의장毛衣匠, 연사장練絲匠, 합사장合絲匠 등이 있다. 이들의 의복 작업 과정을 살펴보면, 연사장이 깨끗하게 정련한 실을 합사장이 꼬아 홍염장과 청염장에게 전달하면 이들이 염색을 했다. 능라장과 방직장이 제 직을 하고, 도련장과 도침장이 직물을 다듬어 정리하면, 침선장과 침선비가 의복을 제작했다. 이렇듯 우리나라 왕실의 공예품을 아우르는 궁중 복식은 당시 종로를 무대 삼은 여러 솜씨 좋은 장인들에 의해 만들어졌다. 이들은 최고의 솜씨만 지녔다면 출신을 막론하고 관청에서 잡무를 맡는 잡직체아雜職遞兒가 되어 관료 체제로 편제되었다. 조선 시대에는 왕실의 행사가 있을 때마다 임시로 도감을 설치하여 의례용 왕실 용품이나 기물을 제작하는 여러 장인을 동원하였으므로 장인에 대한 수요가 컸다. 엄격한 계급이 존재했던 조선 시대에 신분이 아닌 실력으로 관직에 오를 수 있는 장인은 당시 천민들에게 최고의 기회이자 직업이었다. 영화 〈상의원〉에서도 천민 출신의 침선장 조돌석이 30년간 왕실의 옷을 지으며 양반이 되는 장면을 연출한 바 있다.

조선 시대에는 신분 체제 유지를 위해 《경국대전》 외에 《국조오례의國朝五禮儀》, 《속대전續大典》, 《대전후속록大典後續錄》 같은 법 규범을 제도화하여 계급에 따라 복식을 철저하게 규제했다. 이러한 복식 규제는 왕족, 양반, 중인, 평민 그리고 천민으로 구성된 조선의 신분 계층에 따른 차이를 강화했다. 또 신분에 따라 직물의 종류, 색, 문양, 의복의 형태를 제한했다. 양반은 비단 저고리와 바지,

도포, 두루마기를 입었고, 평민과 천민은 주로 무명 저고리와 바지를 입었다. 특히 궁중 복식은 왕실 내에서도 관품별로 차등을 두고 상황에 따라 복장을 구분하여 왕족의 역할과 위엄을 드러내었다. 궁중 복식은 말 그대로 궁 안에서 입는 모든 복식을 말한다. 왕을 비롯한 왕세자, 왕세자빈, 대군, 공주 등 왕족의 복식과 상궁, 내관 등 수행인의 복식 그리고 궁 안을 드나드는 문무백관이나 내외명부가 입궐할 때 격식을 갖춰 입는 의복까지 포함한다. 이처럼 신분 제도에 따른 조선의 궁중 복식은 당대의 계급 사회의 특성을 반영하면서 가장 화려한 복식 문화를 보여 주었다.

이 가운데 종로에서 활동한 장인은 조선의 상류층 패션에 일조한 디자이너였다. 왕실의 행사가 있을 때마다 지방 각 도道의 장인들은 도감에 선발되어 각종 왕실의 의복을 만들었다. 이들 중에서도 솜씨가 좋은 자는 공로를 인정하여 포상하고, 도감에서 일하다 도망가는 자는 처벌을 하기도 했다. 이를 통해 장인을 상벌로 관리할 만큼 조선 시대 궁중 복식에서 장인의 제작 역량이 중요했음을 알 수 있다.[21]

옷을 짓는 여성 장인과 남성 장인

전통적으로 한복은 여러 분야의 장인들에 의해 완성

된 것으로, 바느질, 자수, 염색 등의 섬유 공예가 유기적으로 연결된 양상을 보인다. 요컨대 한복은 섬유 공예의 총체라고 할 수 있다. 그런데 섬유 공예는 동서양을 막론하고 과거부터 여성의 전유물로 규정짓는 경향이 있다. 장인에 대한 기록이 포함된 문헌《신동국여지승람新東國輿地勝覽》만 보아도 전문적으로 수를 놓는 장인은 여성이 주를 이루었음을 알 수 있다. 또한 장인에 대한 언급이 포함된《도감의궤都監儀軌》의 〈공장질〉이나 공문서 〈서계별단〉과 같은 문서에는 500여 종의 장색匠色 중 여성 장인들의 종별은 침선針線에 집중되어 있다고 기록되어 있다. 특히 궁중 복식은 수를 놓는 수방繡房과 왕실의 옷을 짓는 침방針房에 소속된 여성들에 의해 주도되었다. 왕실의 바느질은 침선장, 침선비針線婢, 침선기針線妓가 맡았는데, 침선장을 제외한 '비'와 '기'는 여성이었다. 이외에도 염색 장인인 염모染母, 자수를 놓는 수비繡婢, 바느질하는 여인을 일컫는 봉조비縫造婢, 갓의 차양을 만드는 양태장凉太匠, 털옷을 제작하는 모의장毛衣匠이 있다. 여기서 모母는 나이 든 여성 장인을 부르는 호칭이었

여인들의 침공 모습(출처: 국립민속박물관).

김홍도의 풍속화 길쌈
(출처: 국사편찬위원회).

으며, 18세 이상이거나 기혼자가 대부분이었다. 이외 같이 섬유 공예는 여자의 일이라는 인식이 지배적이었고, 여인들이 규방이라는 공간에 국한되어 제작한다는 의미로 '규방 공예'라고 불렸다.

왕실의 공예품을 제작하는 여성 장인은 남성 장인에 비해 극소수였다. 장인의 이름이 적혀 있는 기록물에서 여성 장인의 종류는 전체의 2퍼센트에 불과했다.[22] 여성 장인 대부분이 옷이나 가발, 모자 등과 같이 바느질, 섬유와 관련된 공예품을 제작했는데, 그마저도 침선장, 양태장, 모의장에는 남성 장인도 포함되어 있었다. 제용감과 상의원에 소속되어 있는 침선장은 궁내에서뿐 아니라 궁궐의 출입이 가능한 외부 장인까지도 아울렀기 때문에 궁 밖에 업장을 둔 남성 장인이 더 존재했을 가능성도 있다.[23]

조선 시대 궁수宮繡는 기본적으로 여성들에 의해 이루어졌지만, 궁궐 안은 물론 궁궐 밖의 남성 자수가들의 역할도 간과할 수 없다. 따라서 한복은 단순히 현모양처의 소산, 규방 문화의 예술, 여성적 공예로서만 규정하기보다 더 폭넓은 시각으로 바라보아야 한다. 오랜 시간 기술을 갈고닦아 온 장인의 작업엔 그 시대의 정신과 가치가 담겨 있으며, 장인 정신을 기반으로 이어 온 한복에는 우리 복식의 역사와 뿌리가 담겨 있다.

전통 한복을 제대로 보고 즐기는 박물관과 행사

종로에는 전통 한복을 살펴볼 수 있는 박물관들이 밀집되어 있고, 한복 관련 여러 행사도 집중되어 있다. 경복궁 내에 위치한 국립고궁박물관은 조선 왕실과 대한 제국 황실의 유물을 소장하고 있다. 조선 시대 복식에는 신분 체제로 인해 신분의 상징이 잘 드러났다. 특히 궁중 복식은 신분 제도를 반영해 엄격하게 정해진 법식에 따라 제작되었으며, 국가 체제 및 정체성을 대변하는 복식이었다. 이에 조선 왕실의 복식은 문화와 역사적인 의미를 내포한다. 국립고궁박물관은 비교적 잘 보존된 조선 시대 말기의 왕과 왕비의 복식 유물을 소장 및 전시하고 있어 전통 한복을 볼 수 있는 중요한 박물관으로 꼽힌다. 대표적인 유물로는 조선 시대 왕실에서 착용한 복식, 대한 제국 마지막 황태자인 영친왕이 귀국하여 착용한 곤룡포袞龍袍와 유년기에 착용한 군복, 그리고 영친왕비가 착용했던 적의翟衣와 대례복에 착용한 대삼작노리개가 있다.

국립고궁박물관과 함께 경복궁 안에 있는 국립민속박물관에서도 전통적인 복식을 관람할 수 있다. 국립민속박물관은 모시옷과 누비옷 등 계절에 따라 착용하는 의복부디 돌 복, 관례복, 수의처럼 일생 의례에서 경험하는 복식을 전시한다. 이렇게 국립민속박물관은 다양한 계층의 일상적인 복식을 볼 수 있다는 점에서 중요한 복식 박물관으로 손꼽는다.

앞에서 살펴본 바와 같이 종로는 조선 시대 왕실의 수공예품을 제작해 관에 납품하던 장인이 활약했던 지역이다. 종로구 안국동의 서울공예박물관은 이러한 장인의 솜씨를 엿볼 수 있는 공예품과 공예 자료를 전시하고 있다. 공예는 복식의 역사와 함께하며

영친왕 운보문사 홍룡포(출처: 국립고궁박물관).

착용자의 개성뿐 아
니라 관혼상제와 같
은 의례의 의미를 담
는다. 특히 옷감은 화
폐로 통용될 만큼 귀
한 재화였기에 장인의
기술로 제작한 특정
한 색과 구하기 어려
운 소재의 장식을 더
한 옷을 통해 착용한
사람의 신분과 지위
그리고 특별한 의미를
드러냈다. 서울공예박

예복을 착용한 영친왕(출처: 국립고궁박물관).

물관은 삼국 시대부터 광복 이후 근현대까지의 자수 그리고 조선
시대 흉배, 활옷, 두루마기, 당의, 저고리, 노리개 등 광범위한 유물
을 소장하고 있다. 이외에도 염색, 직조, 바느질, 자수를 비롯한 공
예의 의미와 역할 그리고 예술로 확장된 복식의 공예 요소까지 다
양한 주제를 전시로 다루며 장인 정신을 조명하고 있다.

  조선 시대 왕과 왕비의 복식은 각종 행사의 성격에 따라 나뉘
기도 했다. 가령 왕의 의복에는 제사 혹은 국가적인 행사가 있을

때 차려입는 면복冕服, 명절(정월 초하루, 동짓날)에 입는 조복朝服, 일상 집무 중에 입는 상복常服인 곤룡포가 있었고, 왕비의 의복으로는 국혼에 입는 적의, 대례복인 원삼圓衫, 평상시에 입는 당의唐衣 등이 있었다. 박물관에서 이러한 궁중 복식을 유물로서 관람할 수 있다면 고궁과 종묘 등의 재현 행사에서는 의례의 성격에 따라 실제로 사용되는 모습을 볼 수 있다. 종묘에서 실행되는 종묘대제는 국가 통치 체제를 굳건히 하는 조선 시대의 상징적인 행사로 매년 5월 종묘 영녕전에서 진행된다. 또한 봄 혹은 가을에는 왕세자비가 혼례를 마친 후 조선 왕조의 신주가 모셔진 종묘를 알현하는 묘현례가 종묘 정전에서 열린다. 이는 연극 형식으로, 당시 왕인 숙종과 왕비인 인현왕후, 훗날 경종이 되는 왕세자, 세자빈의 신분으로 세상을 떠나게 되는 단의빈이 주요 인물로 등장하는데, 극의 서사는 묘현례를 앞둔 여성들의 다양한 감정을 보여 준다. 이러한 행사들은 조선 시대 왕실의 절차에 따라 철저하게 고증되어

종묘대제(출처: 한국문화재단).

당시 궁중 남녀의 복식을 살펴보는 기회가 된다. 추가로 수원화성에서는 조선의 22대 왕인 정조가 즉위 20년이 되던 1795년 어머니 헌경왕후의 회갑을 맞아 아버지 장조(사도세자)의 묘소가 있는 경

기도 화성으로 행차하는 정조대왕 능행차 공동재현 행사가 있다. 종로에서 시작하여 수원으로 이어지는 서울시와 수원시의 협업으로 이루어진 행사로, 서울의 궁에서 출발하여 수원 화성까지 행렬한다. 200여 년 전의 행차를 재현하여 관복을 비롯한 다양한 궁중 복식을 볼 수 있다.

이와 더불어 종로에서는 다양한 한복 문화를 즐길 수 있는 궁중문화축전이 열린다. 서울의 5대 궁인 경복궁, 창덕궁, 창경궁, 덕수궁, 경희궁과 제사 공간인 종묘와 사직단을 무대로 하여 매년 5월과 10월에 열리는 이 축제는 궁중 복식을 포함한 다양한 종류의

정조대왕 능행차 공동 재현 행사(출처: 공공누리).

한복을 접할 수 있다. 매년 10월 광화문 광장을 중심으로 열리는 종로한복축제에서도 여러 종류의 전통 한복을 경험할 수 있다. 이 행사는 종로 한복길부터 무계원, 백인제가옥, 세운상가, 광장 시장 등 전통 가옥부터 현대적인 공간까지 아우르며 종로 곳곳에서 펼쳐진다. 또한 행사의 한복 체험 프로그램을 통해 전통 한복의 올바른 착용법을 배울 수 있다.

산업화 이래 수공예가 기계 산업으로 대체되면서 의복은 더 이상 사람의 손으로만 만들지 않게 되었다. 그러나 장인 정신을 강조하는 디올Dior, 에르메스Hermés와 같은 럭셔리 브랜드를 통해 알 수 있듯 여전히 패션에는 공예가 중요하게 다루어진다. 우리나라 전통 복식을 만드는 과정에서 드러나는 장인의 공예 기법은 오늘날 패션 및 소재 디자이너 그리고 섬유 작가들에게 영감을 준다. 우리나라 예술가와 디자이너의 해외 진출이 활발해지는 현재, 우리의 전통 복식과 공예를 기억하고 전승하는 것은 중요한 일이다. 종로는 예로부터 장인이 활발하게 활동했을 뿐만 아니라 현재까지도 전통 복식 및 공예를 기억하기 위한 핵심 지역이다. 종로는 전통을 이어가는 박물관과 축제를 통해 패션 디스트릭트로의 역할을 충실히 하고 있으며, 우리 복식 문화의 지평을 넓히고 있다. 이제는 서울의 주요 경제 중심지 중 하나인 종로가 문화적으로 가지는 의미를 떠올림으로써 우리 복식의 전통을 되새겨봄 직하다.

한복 체험이 만든
'인생 사진' 맛집

고궁을 핫 플레이스로 저장하게 하는 한복 체험

전 세계적으로 서울처럼 도심에 고궁이 자리 잡은 도시는 드물다. 종로는 조선의 기둥인 다섯 개의 고궁 중 네 개의 궁이 있는 곳이다. 이제 고궁은 더 이상 역사적으로만 의미 있는 문화 유적지가 아니다. 고궁을 중심으로 체험 한복 문화가 형성되면서 과거와 현재의 일상이 소셜 미디어를 통해 공유되는 '살아있는 공간'으로 변모했고, 인스타그래머블Instagrammable한 장소로 주목받고 있다. 다시 말해 '인생 사진'을 건질 수 있는 '맛집'이 된 것이다. 서울의 5대 고궁 중 방문객이 가장 많은 경복궁에서는 2013년부터 한복 착용 시 방문객의 무료입장을 허가했는데 그로부터 9년 후인 2022년에 한복을 착용한 관람객 수가 2700여 배 증가했다(2013년 196명, 2022년 54만 3577명).[24] 또한 인스타그램에 경복궁을 태그한 9만여 개의 게시물 중 대부분이 체험 한복을 입고 촬영한 사진이다.

2000년대에 온라인으로 플랫폼이 활성화되면서 사용자들은 자신만의 콘텐츠를 생성하고 소셜 미디어에서 공유하기 시작했다.

특히 앞서 언급한 인스타그램과 같은 사진 중심의 소셜 미디어의 사용이 확산하면서 특별한 배경과 의복 혹은 이미지가 시선을 끌기 시작했다. 이러한 맥락에서 전통적인 경관을 배경으로 한복을 입고 찍은 사진은 매력적인 콘텐츠가 되었고, 고궁은 일명 '사진 맛집'으로 인기를 끌었다. 이런 현상은 여행 과시 권리travel bragging rights라는 개념으로 설명할 수 있다. 이 말은 여행 경험을 과시하고 자랑하는 것을 뜻하는 여행 과시에서 유래하였으며, 소셜 미디어에서 여행과 관련된 경험이나 물건을 공유할 가치가 있다고 인식하는 것을 의미한다. 소셜 미디어 플랫폼에서 사람들에게 더 많은 '좋아요'와 댓글을 받는 것은 여행 과시 권리의 요소에 포함되며, 관광객들은 인스타그램에 올리기 좋은 여행지를 찾으며 '인스타그래머빌리티instagramability'에 큰 관심을 두고 있다. 이러한 현상은 관광객의 진화하는 미디어 소비 습관과도 밀접한 관련이 있다. 인스타그래머빌리티를 제공하는 고궁에서 전통 복식인 한복을 입고 찍은 사진을 인스타그램에 올리는 것은 매력적인 활동이 되었다.[25] 소셜 미디어 플랫폼, 특히 인스타그램은 사용자들이 자신의 삶과 경험을 시각적으로 공유할 수 있는 매체로 자리매김했다. 이러한 플랫폼에서 관광객들은 여행 중의 다양한 순간들을 공유하며 주변 사람들에게 자신만의 독특한 콘텐츠를 선보이고자 한다. 고궁에서의 한복 체험은 여행 과시 권리와 인스타그램의 좋은 소재가 되며, 이들이 높은 상관성을 지니고 있음을 시사한다. 이때 고궁에서의 한복 체험은 관광객의 니즈에 부합하는 활동이라 할 수 있겠다.[26] 즉 한복 체험은 서울을 관광하는 데 있어서 복식을 매개로 관광객의 욕구를 충족시켜 주는 패션 투어리즘fashion tourism의 콘텐츠 역할을 하고 있다.

체험 한복이 뭐길래

고궁 및 한옥 마을 근처에서 한복을 취급하는 대여점은 대여 한복을 '스페셜 한복', '테마 한복', '특수 한복', '캐릭터 한복', '공주 한복' 등의 용어로 홍보하고 있다. 한편 학술 연구에서는 이러한 관광지 중심의 대여 한복을 '체험용 한복', '대여 한복' 등으로 기존 의례용 한복과 구분한다. 이 책에서는 혼선을 막기 위해 예복의 기능이 아닌 단기간의 체험과 관광을 목적으로 빌려 입는 한복을 '체험 한복'으로 지칭하겠다.

21세기의 관광은 체험이 주를 이루며, 체험형 관광 중에서도 특정 지역의 의상을 즐기는 관광은 이미지 중심인 인스타그램과 만나면서 더욱 활성화되었다.[27] 복식이 관광의 중요한 요소로 작용하는 현상은 우리나라뿐 아니라 해외에서도 종종 볼 수 있다. 일례로 일본을 방문하는 관광객들은 기모노를 입기 위해 교토의 키

요미즈데라淸水寺를 방문하고, 미국의 '텍사스 르네상스 페스티벌 Texas Renaissance Festival'에서는 이 축제에 참여하는 관광객의 상당 수가 자발적으로 르네상스 시대의 의상을 입는다.[28] 전통 복식 체험은 해당 지역의 문화를 반영하는 문화적 유기물이라 할 수 있으며, 일종의 신기성novelty을 제공한다.[29] 일상에서 벗어난 혹은 일탈적인, 평소에는 누릴 수 없는 체험 등으로 인식되어 즐거움을 선사하기 때문이다. 신기성은 친숙함과는 반대되는 개념으로 관광과 여행의 주요 동기로 본다.[30] 여행 경험에서 '신기성 여행novel

체험 한복 매장.

trip'은 '흔한 여행commonplace trip'과는 구별된다. 더불어 새롭거나 낯선 것, 처음 하는 경험, 평상시에 하던 것과는 완연히 다른 활동 등은 신기성을 추구하는 관광객이 여행을 더 가치 있게 생각하고 만족도를 높이는 역할을 한다. 또한 전통 복식은 지역의 독특한 장소성placeness을 보여 주므로 관광지에서 관광객의 만족도를 제고하는 한편 지역 주민의 공동체 의식과 소속감을 고취하는 데 이바지한다.[31] 체험 한복을 입은 관광객은 자기표현 혹은 과시를 위해 역사·문화 관광지나 고궁을 찾기도 하지만, 고궁이라는 역사

체험 한복.

적 공간에서 전통 의상인 한복을 착용함으로써 과거로 여행을 떠나는 듯한 실존적 진정성existential authenticity를 생김이끼도 한다. 즉 한복 체험은 단순하게 전통 복식을 입어보는 차원을 넘어 장소성과 함께 실존적 진정성, 신기성까지 경험할 수 있는 활동이다.³²

그렇다면 우리나라의 한복 체험 문화는 언제 어디서 어떻게 시작되었을까? 한복 체험 문화는 2012년 전주한옥마을 한복 축제를 시작으로 2014년 한복 업체가 시간제 한복 대여 사업을 처음으로 하면서 새로운 관광 문화로 자리 잡았다.³³ 이와 맞물려 2013년에 서울시에서 한복 착용 시 4대 고궁(경복궁, 창경궁, 덕수궁, 창덕궁)과 조

체험 한복.

선왕릉 그리고 종묘에 무료로 입장할 수 있는 정책을 시행하면서 더욱 활성화되었다.

한복 체험 문화가 활성화된 배경에는 정부 정책을 비롯한 많은 조건이 있지만, 흥미로운 점은 한 업체에서 시작한 '유행'이 문화의 탄생을 촉발했다는 것이다. 전통문화가 유행의 영향으로 확산했다는 것은 주목할 가치가 있다. 이는 전통문화가 새로운 형태로 소비되고, 관광 산업과 결합함으로써 다시 활기를 띠게 된 사례로 해석할 수 있다. 따라서 이러한 현상은 전통문화의 보존과 활용이 동시에 이루어질 수 있는 새로운 모델을 제시하고 있다.

체험 한복에 대한 다양한 견해

체험 한복은 시간 단위로 대여가 이루어지므로 관광객이 빠르고 편하게 입을 수 있도록 형태가 간소화되었다. 세탁 등의 관리도 쉽고 생산 단가가 낮은 폴리에스터나 나일론과 같은 저렴한 섬유 소재로 만든다. 현재 고궁 주변에서 대여하는 한복은 빠르고 쉽게 입고 벗을 수 있도록 제작하여 저고리에 고름 대신 스냅 단추를 달았다. 더불어 다국적 관광객에게 친숙한 느낌을 주기 위해 레이스와 같은 장식을 추가하고 페티코트로 풍성한 실루엣을 만든다. 나아가 한복 대여점 간의 가격 경쟁으로 인해 외국산 한복을 수입하면서 한복과 무관한 문양의 프린트 소재 등 변질된 디자인이 양산되고 있다. 이에 대해 한복 전문가들은 전통 한복을 간소화하여 착용 및 움직임을 편하게 하는 것은 수용할 수 있으나, 서양 복식의 요소를 한복에 결합한 디자인은 한복 본연의 모습이라고 볼 수 없다는 점에서 우려를 표한다.[34]

한복 대여가 급속도로 상업화되면서 한복의 질이 떨어지고 변형이 잦아졌다.[35] 이처럼 체험 한복의 정통성에 대한 논란은 계속되고 있다. 우리 전통 복식에 관심을 두지 않던 세대들이 한복 체험의 문화를 계기로 한복에 관심을 갖게 되는 것은 고무적이나 체험 한복에서는 한복 고유의 흔적을 찾아보기 어렵고 우리 옷에 대한 왜곡된 이미지를 확산시킬 수 있다.

반면, 전통 복식의 다양성 측면에서 낙관적으로 바라보는 시각도 있다. 체험 한복의 대여점 운영자들은 전통 한복을 고수했다면 빠르게 착용하고 반납하는 대여 시스템이 불가능했으며, 기존 예복으로서의 한복과는 달리 디자인이 다양화되고 유행이 생기면서 시장이 활성화될 수 있었다고 설명한다.[36]

이처럼 체험 한복을 바라보는 서로 다른 시각이 존재한다. 전통 복식과 패션은 서로 다른 개념으로, 한복에 변화와 유행 현상이 도입된다면 이는 전통 복식이라 부를 수 없을 것이다. 그러나 전통을 이어가기 위해서는 현대화 작업이 필요하다. 한복 체험 문화가 사양길을 걷던 한복 업계에 활력을 불어넣고 젊은 세대가 한복을 친근하게 느끼는 계기를 마련한 것은 사실이다. 전통적인 형태의 한복은 아니지만, 체험 한복은 패션 투어리즘의 요소로서 관광 산업 경제에 긍정적인 영향을 미쳤다고 볼 수 있다.

이 책의 저자들은 경복궁 관람객 중 한복을 착용한 사람을 대상으로 인터뷰 연구를 진행했는데, 관람객 대부분이 소셜 미디어에서 한복을 착용한 사진을 보고 경복궁을 방문했다고 응답했다. 그중 어떤 외국인 관람객은 타인에게 자신이 문화 체험을 하는 모습을 보여 주고 싶고, 다른 문화를 포용하는 것에 열려 있는 사람으로 비치길 원했다. 편의성을 위해 변형된 체험 한복보다는 전통문화의 원형에 가까운 한복을 더 선호한다는 응답도 있었다. 이들은 한복 대여 업체가 보유한 의상이 전통 한복보다 체험 한복이 주를 이루고 있어 선택의 폭이 좁았다는 아쉬움을 드러내기도 했다. 반면 내국인 관람객은 문화 체험을 하는 모습을 보여 주기보다는 자신의 멋진 모습을 찍기 위한 도구로 한복을 활용하는 것으로 나타났다. 내국인 관람객은 전통 한복을 넘어선 다양한 디자인의 한복을 선호하였고 '트렌드'와 같은 단어를 사용하여 한복을 패션으로 바라보는 태도를 드러내기도 했다.

인터뷰를 통해 알 수 있듯이 체험 한복을 바라보는 시각은 다양하다. 체험 한복에 대해 전통 왜곡과 문화 확산이라는 상반된 시각이 공존하고, 자기표현 도구와 관광 상품이라는 내외국인의 시선도 서로 달랐다. 이를 고려할 때 한복 체험 문화를 발전시키기 위해서는 내외국인들이 전통문화에 대한 이해와 친근감을 동시에 가질 수 있도록 소셜 미디어를 활용한 한복 문화 콘텐츠를 개발해야 할 것이다. 무엇보다 서울시 차원에서 전통 복식의 원형과 편리성을 겸비한 체험용 한복을 제작하여 확산시키는 노력이 필요하다.

'한복 스냅', 체험 한복이 만든 새로운 문화

고궁 주변의 체험 한복 대여점은 기존의 한복 대여점과 확실하게 구분된다. 기존의 한복 대여점은 최소 1박 2일의 대여 기간을 두는데, 고급화를 내세워 주로 청담동, 압구정, 아현동에 자리를 잡았고 그 외에는 광장 시장, 인사동에 위치한다. 반면 체험 한복 대여점은 이용객이 체험 장소로 바로 이동해야 하므로 고궁에 인접하여 형성되었다. 2015년 경복궁과 인사동 근처에 한두 개뿐이던 대여점이 2023년에는 경복궁과 북촌한옥마을을 중심으로 50여 개로 늘었다. 특히 경복궁역을 중심으로 500미터 반경에 집중되어 있는데 한복 대여점이 밀집된 골목길 사이사이에 한복을 시간 단위로 빌려주는 대여점만 20여 곳이나 된다.[37]

체험 한복 대여 매장.

　내국인들 사이에서 체험 한복 유행의 주역은 청년층[38]으로 고궁 근처에서 한복 인증 사진 혹은 '한복 스냅'을 찍는 문화를 만들었다. 원래 한복 스냅은 결혼사진 촬영 때 한복을 입고 촬영하는 사진을 일컫는 용어였다. 그러나 고궁에서 체험 한복을 입고 인증샷을 찍는 문화가 확산하면서 한복 스냅은 결혼사진만큼 대중화되었다. 인스타그램에서 '#한복스냅'으로 추출되는 36만여 건 (2023년 2월 3일 기준)의 게시물을 분석해 보면, 결혼사진을 위한 한복 착용과 고궁 등 유적지에서 찍은 한복 사진이 비슷한 비율로 나타났다. 나아가 체험 한복 대여점에서 구성한 한복 스냅 패키지 상품은 한복 스냅 문화를 더욱 확산시켰다.

한복을 착용한 고궁 관람객들은 고궁을 배경으로 새로운 경관을 만들어 내고 소셜 미디어에 사진을 게시하여 한복 이미지를 재생산함으로써 복식과 결합된 장소 이미지를 확산시킨다.[39] 소셜 미디어상에서뿐만 아니라 고궁 주변에서는 한복 스냅을 찍는 사람들을 드물지 않게 발견할 수 있다. 이처럼 종로에는 한복과 고궁을 중심으로 한 새로운 문화 현상이 빠르게 확산되었다. 고궁이 밀집한 종로의 역사적 장소성이 전통 복식과 어우러지면서 새로운 문화가 생성되는 데 영향을 미친 것이다. 이는 장소와 복식 스타일이 주요 콘텐츠인 소셜 미디어와 연결됨으로써 전 세계에 전파될 수 있었다. 이는 새로운 경험이 소셜 미디어를 통해 문화를 형성하는 과정을 살펴볼 수 있는 사례다. 이로써 도심 한가운데에서 볼 수 있는 전통적 경관의 고궁, 체험 한복, 소셜 미디어가 만나 상호 작용을 이루며 종로를 더욱 매력적인 패션 디스트릭트로 만들고 있다.

2

동대문

세계적 규모와 전통의 패션 클러스터

오늘날 동대문 시장은 좌측 광장 시장부터 우측 흥인지문 주변까지 3만여 점포가 밀집하여 11개의 행정 구역을 가로지르는 대규모의 가먼트 디스트릭트garment district를 의미한다. 축구장 20개의 면적을 훌쩍 넘는 엄청난 규모의 종합 의류 시장 단지이다. 동대문 시장과 같이 한 세기가 넘는 시간을 버티며 명맥을 잇는 가먼트 디스트릭트는 세계적으로도 흔치 않다. 동대문 시장은 서울의 상징적인 지역 중 한 곳이다. 뉴욕 미드타운의 '가먼트 디스트릭트'가 여전히 미국 패션 산업의 상징으로 남아 있듯, 동대문은 서울이 국제적 패션 도시로 성장하는 과정에서 100년 전통의 가먼트 디스트릭트라는 확고한 정체성을 가지고 있다. 특히 동대문 시장은 디자인부터 패턴, 원단, 부자재, 봉제에 이르기까지 의류 생산과 관련된 제반 공정뿐 아니라 완성된 제품의 도소매업 그리고 패션 위크까지 복합적이고 탄력적으로 이루어지는 이례적인 대규모 패션 클러스터fashion cluster를 이루었다. 또 오랜 기간 그 기능을 이어가고 있다는 점에서 타 선진 도시의 사례와 차별화된다. 한 지역에서 여러 공정이 한꺼번에 이루어지는 동대문 시장의 인프라스트럭처infrastructure는 빠르게 변화하는 소비자 취향과 시장의 니즈에 즉각적으로 반응할 수 있는 비결이다. 이는 해외 패스트 패션fast fashion 브랜드에 필적하는 국내 브랜드들의 성장 기반이 되었다고 해도 과언이 아니다. 현재 대규모 의류 공장들은 대부분 서울 외곽으로 이전한 상황이지만, 동대문 패션 클러스터의 의류 공장이나 업체들은 여전히 동대문 시장 인근에 남아 생산을 이어가고 있다. 이들은 이커머스e-commerce를 포함한 중소 의류 브랜드들의 노력을 통해 내수 패션 산업의 큰 축을 담당하고 있다.

동대문 시장의 역사는 1905년 광장주식회사의 설립과 함께 시작되었다. 당시 동대문 상권을 장악하는 데 실패한 일본은 동대문 시장의 발전을 저지하기 위해 청계천 일대를 '미개의 상징'이라 낙인찍고 견제했다. 하지만 동대문 지역은 1930년대 후반부터 포목 상점을 중심으로 번창했다. 6.25 전쟁이 끝난 후에는 원단이나 양복 및 양장과 같은 구호물자가 다량으로 유입되어 의류 도매업이 성행했고, 1959년에는 광장 시장 건물이 지금의 현대식 건물로 재건축되면서 동대문 시장은 100년이 넘도록 유지될 수 있는 기반이 마련되었다. 1960년대에는 기성복의 증가와 국내 섬유 산업의 호황으로 평화 시장도 현대식 건물로 재건되었고, 1970년대에는 동대문 종합 상가가 세워지면서 동대문 시장이 국내 최대의 의류 시장으로 자리 잡았다. 하지만 그 후에는 열악한 노동 환경과 유명무실한 근로기준법 탓에 착취당하는 노동자가 존재했다. 이는 의류 제조업을 바탕으로 성장한 여러 국가에서 공통으로 나타나는 이면이었다. 이후 국내 의류 산업이 성장하고 인건비가 상승하면서 해외 아웃소싱이 증가했고, 다수의 제조 공장이 동대문 지역 밖으로 이동했다. 그로 인해 동대문 시장은 예전과 같은 호황을 누리기 어려워 보였다. 그러나 오늘날의 동대문 시장은 탄력적인 생산 시스템으로 중소 규모 브랜드와 상생하고, 신진 디자이너가 창의성을 발휘할 수 있는 장소로 기능하고 있다. 특히 온라인 중심의 이커머스가 주목받고 풀필먼트fulfillment 서비스가 도입되면서 동대문 시장 특유의 유기적인 구조가 빛을 발하고 있다. 이 장에서는 동대문 시장이 세계적 규모의 패션 클러스터가 될 수 있었던 배경부터 1970년대 평화 시장 노동자들의 열악했던 노동 환경까지 동대문 시장의 양면을 들여다보고 앞으로의 가능성에 관해 이야기해 본다.

한국 패션의 요람에서
세계 최대 규모의 가먼트 디스트릭트로

파리, 밀라노, 런던과 함께 세계 4대 패션 도시 중 하나인 뉴욕에는 미국 의류 산업의 전성기를 이끌었던 '가먼트 디스트릭트'라는 산업 지구가 있다. 가먼트 디스트릭트는 말 그대로 의류 제조와 관련된 업체 및 공장들이 집적된 곳을 말한다. 현재는 의류 산업이 해외 아웃소싱, 즉 외주 및 외부 용역에 의존하며 수많은 의류 공장과 업체들이 뉴욕의 외곽이나 근처 도시로 흩어진 상태다. 몇 해 전에는 미국의 유명한 패션 스쿨 중 하나인 파슨스Parsons School of Design마저 이 지역을 떠나면서 가먼트 디스트릭트의 명성을 잃고 있다. 하지만 이곳엔 일부 원단 · 부자재 · 패턴 업체, 샘플 공장 그리고 다양한 미국 브랜드의 쇼룸들이 버티고 있으며 여전히 뉴욕 패션의 상징으로 남아 있다.

우리나라의 패션 중심지인 서울에도 뉴욕의 가먼트 디스트릭트와 유사한 장소가 있다. 바로 동대문 시장이다. 상인들과 노동자들이 한 세기 넘도록 일구어낸 서울의 동대문 시장은 실제로 뉴욕의 가먼트 디스트릭트와 탄생부터 성장 과정까지 닮은 점이 많으며 직접적인 교차점도 존재한다.

소외된 계층이 만들어 낸
뉴욕과 서울의 가먼트 디스트릭트

20세기 초반 뉴욕 내 의류 제조업 종사자의 대다수는 동유럽 유대인, 그중에서도 특히 폴란드 이민자들로 이루어져 있었다. 이들은 주로 로어이스트사이드Lower East Side에 위치한 주거형 저층 빌딩을 공장으로 사용했다. 반면, 당시 대부분의 고급 패션 상점들은 5번가Fifth Avenue를 따라 들어서 있었다. 이에 5번가 상점들을 대상으로 의류를 제조하던 의류 공장들은 상점과의 접근성을 높여 신속하고 탄력적인 납품을 위해 하나둘씩 5번가로 몰려들기 시작했다. 이러한 의류 공장의 유입은 뉴욕의 최하위 빈곤층인 유대인 의류 노동자들garment workers이 모여드는 것을 의미했고, 뉴욕의 부를 상징하는 5번가의 상점 주인들과 부동산 업자들은 이를 반기지 않았다. 이들은 의류 공장의 유입이 가속화하자, 5번가협회Fifth Avenue Association라는 단체를 설립하여 법적으로 공장의 추가 유입을 막기에 이르렀다. 계속되는 적대와 마찰로 결국 5번가에 자리했던 대부분의 봉제공장은 5번가의 서쪽에 위치한 텐더로인Tenderloin으로 밀려나게 되었다. 당시 텐더로인은 폭력, 매춘, 도박 등으로 인해 맨해튼의 대표적인 골칫거리였는데, 봉제 공장이 들어서면서 홍등가가 퇴출당하고 고층 빌딩이 건설되는 등 이 지역을 개선하는 직접적인 계기가 되었다. 봉제공장의 반강제적 이동은 도시 계획의 측면에서 봤을 때, 지역 문제의 해결과 부동산 개발의 호재라는 두 마리 토끼를 한 번에 잡는 일이었다. 이렇듯 텐더로인 지역에는 5번가로부터 멸시당한 의류 공장과 제조 업체, 의류 노동자들이 모여 상권을 형성했고, 1919년부터 가먼트 디스트릭트라 불리기 시작하며 당시 뉴욕에서 가장 빠른 속도로 성장하는 산업 지구로 재탄생하게 되었다.

동대문 시장 역시 구한말(조선 말기~대한 제국)의 조선 상인들이 당시 기득권이었던 일본 정부 및 상인들의 견제와 압박을 피해 상대적으로 낙후된 지역에 터를 잡으며 시작되었다. 다시 말해, 뉴욕의 가먼트 디스트릭트와 마찬가지로 동대문 시장은 생존을 위한 상인과 노동자들의 의지가 지역 개발 및 성장의 근간이 되었고, 이제는 그 지역의 상징이 된 사례다. 갑오개혁(1894) 이후 조선으로 대거 유입된 일본 상인들은 당시 조선의 정세를 좌지우지하던 일본 정부를 등에 업고 남

1900년대 초 뉴욕의 테너먼트 공장(출처: New York Public Library(Sweat Shop, New York City, 1900-1937)).

1967년 청계천 판잣집 모습(출처: 서울기록원).

대문 시장과 명동을 기점으로 종로 일대의 상업을 순식간에 장악했다. 이에 1905년 홍충현, 박승직, 최인성 등의 거상과 조선의 고위 관료들이 '배오개'라는 지역에 대한민국 최초의 주식회사로 알려진 광장주식회사를 설립함으로써 일본의 견제에 맞서 조선 상인들이 활동할 수 있는 상업 공간을 제공했다. 이것이 동대문 시장의 시작이다. 당시 배오개가 위치했던 종로4가와 을지로 4가 일대에는 상가, 시장, 환락가 등의 상권이 형성되어 있었으며 주로 서비스업에 종사하는 시민들이 거주했다. 저지대였던 이곳은 배수가 취약하였고 여름철에는 청계천에서 퍼지는 악취로 인해 주거지로는 적합하지 않은 낙후한 곳이었다. 그러나 광장 시장 설립 이후, 1930년대 후반부터 포목 상점들이 일본 직물을 수입 및 판매하며 호황을 맞았다. 1958년부터는 본격적인 청계천 복개 공사가 시작되면서 이 지역의 환경이 개선되었다. 이러한 과정을 거쳐 이곳은 다수의 상점이 밀집해 있는 대규모 상업 지역으로 성장했고 '동대문 시장'이라 불리며 의류 상권의 형태를 갖추기 시작했다.

위기를 기회로

동대문 시장이 본격적으로 가먼트 디스트릭트의 모양을 갖추기 시작한 것은 6.25 전쟁 이후였다. 전후 광장 시장에서는 구호물자로 들어온 옷감과 양복·양장 등 서양식 의류의 불법 거래가 성행했다. 귀국한 가난한 동포들과 피난민들은 청계천 일대에 무허가 판잣집을 지어 터를 잡고, 직접 옷을 제조 및 수선하여 판매하기 시작했다. 당시 일반 시민들 사이에서 미군복은 일상복이자 작업복으로 통용되었다. 그로 인해 군인 신분 사칭이 잦아지자 정부는 1950년부터 민간인 군복 착용을 금지했다. 하지만 탈색 및 염색, 수선 등 '업사이클링upcycling'된 군복의 착용은 허용되어 염색·봉제 업체가 호황을 누렸다.[40] 이처럼 전후 청계천 일대에서는 의류를 중심으로 상업 활동이 활발히 이루어졌는데, 이는 오늘날 평화 시장의 근간이 되었다. 이 시기에 동대문 시장은 광장 시장에서 이루어졌던 옷감 판매뿐만 아니라 의류 봉제와 제품의 도소매 판매까지 아우르며 가먼트 디스트릭트로 거듭나기 시작했다.

청계천 복개 공사가 시작되고 '정치 깡패'로 알려진 조직폭력배 두목 이정재가 광장 시장의 토지를 매입하여, 1959년에는 전쟁 때 불타버린 시장을 현재의 3층 현대식 건물로 재건축했다. 그 과정에서 그는 '동대문 시장 상인 조합'을 결성하여 광장 시장 상인들을 가입시키고, 입·사법과 행정 등을 이용하여 교묘한 방식으로 상인들을 착취했다. 그런 착취에도 결과적으로는 동대문 내 상인 조합이 탄생했다. 따라서 이러한 과정이 동대문 시장이 지금의 현대식 가먼트 디스트릭트로 변모하는 계기가 되었다는 평도 있다. 1960년대부터 급증한 기성복 수요와 함께 동대문 시장 내 대부분의 상점은 의류 관련 상점으로 대체되었으며, 기성복 제조 공장은 대체로 평화 시장을 중심으로 밀집되었다. 1962년에는 평화 시장도 광장 시장과 같이 3층의 현대식 건물로 재건축되었는데, 초반부터 의류생산 업체들의 유치를 계획했던 것으로 알려져 있다. 평화 시장의 1층에 의류 매장을 계약한 점포주들은 2층 혹은 3층에 제품 생산이 가능한 공장 부지를 함께 소유할 수 있었다. 이를 계기로 제조와 판매를 하나의 업체에서 맡는 수직적 구조가 확대되며 의류 산업이 활발해지는 결실을 가져왔지만, 의류 노동자들의 불합리한 처우라는 어두운 결과도 동반했다. 이와 관련된 자세한 내용은 뒤에서 다루겠다.

이 시기에는 상점 간 신속한 거래를 위해 오토바이로 상가를 오가며 시장 내 유통을 책임지는 '지게꾼'도 등장했다. 대봉을 짊어 메고 시장을 활보하는 지게꾼들의 모습은 오늘날까지 이어지며 동대문 시장의 상징 중 하나로 자리 잡았다. 이로써 동대문 시장 은 원단 및 부자재 수급과 봉제 등 의류 제조를 넘어서 제품 디자 인, 유통, 판매까지 아우르며 의류 산업과 관련된 모든 과정이 유 기적이고 탄력적으로 이루어지는 패션 클러스터로서의 모습을 갖 추기 시작했다.

동대문 시장이 6.25 전쟁 이후 급성장했던 것과 같이 뉴욕도 제 2차 세계대전이 가져온 위기가 오히려 가먼트 디스트릭트의 성장 을 가져오는 계기가 되었다. 1940년대에는 제2차 세계대전의 여 파로 전 세계 의류 시장이 극심하게 침체했다. 하지만 뉴욕의 의 류 제조업 노동조합, 제조 업체, 그리고 패션 스쿨 등은 뉴욕을 세 계의 패션 수도 로 발전시키겠 다는 공통의 목 표와 함께 위기 를 기회로 삼 아 협력하기 시 작했다. 그 결 과 미국의 디

1978년 동대문 시장 전경(출처: 서울기록원).

자이너들은 활동적이고 실용적인 디자인을 앞세워 '아메리칸 룩American Look' 혹은 '아메리칸 스포츠웨어American Sportswear'를 탄생시켰다. 기성복 시장을 바탕으로 뉴욕 가먼트 디스트릭트는 제2차 세계대전 동안 주춤했던 파리 패션에 대적하며 세계 패션 시장의 중심에 서게 되었다. 하지만 가먼트 디스트릭트의 전성기는 그리 오래 가지 못했다. 1960년대와 1970년대에 이르자 급등한 임대료와 인건비 그리고 뉴욕 마피아 그룹인 갬비노the Gambinos의 가혹한 착취로 의류 공장들이 주변의 도시로 이전하기 시작한 것이다. 같은 이유로 인건비가 저렴한 해외에서 아웃소싱을 시작하면서 의류 노동자들의 수가 반 이하로 줄어들었다. 이로써 세계 의류 제조업계를 압도하던 뉴욕의 가먼트 디스트릭트는 결국 사양길을 걷게 되었다. 주목할 만한 점은, 바로 이때가 뉴욕 가먼트 디스트릭트와 서울 동대문 시장의 운명이 교차하는 시기였다는 것이다.

뉴욕과 달리 동대문 시장은 1960년대부터 급성장하기 시작했다. 미국을 포함한 서양의 의류 브랜드들이 대량 생산을 위한 아웃소싱 대상지로 홍콩, 대만, 방글라데시와 함께 우리나라의 서울에 주목했기 때문이다. 이를 기회로 삼아, 정부는 경제 개발 계획을 통해 국내 섬유 및 의류 산업을 적극적으로 지원하고 폭발적으로 성장시켰다. 1960년대 말부터 1970년대 말까지 동대문 시장은 내수 시장을 겨냥한 기성복을 제작할 뿐만 아니라 해외 시장에 섬

1962년 동대문 시장 내부(출처: 서울기록원).

유 및 의류 제품을 납품하거나 라이센싱licensing하여 수출함으로써

대규모 의류 산업 지구로 성장했다. 동대문 시장의 현대화도 이

시기에 완성되었다고 볼 수 있다.

섬유 및 의류 산업의 규모가 커지면서 동대문 시장은 품목에 따

라 상가가 형성되었고, 의류 산업 전반을 아우르는 종합적인 가먼

트 디스트릭트로서 몸집을 꾸준히 키워나갔다. 당시 효자 수출 품

목으로 섬유와 함께 신발이 대표적이었는데, 1968년 흥인지문 동

쪽으로 우리나라 1세대 주상복합인 '동대문 신발 상가'가 건축되

었다, 1970년에는 신발 상가 왼쪽으로 동양 최대의 원단 전문 시장인 동대문 종합 시장이 설립되었다. 평화 시장이 성공하자 동대문 시장 내에 도매 상가를 추가로 조성했고, 이곳의 도매업체들은 봉제공장을 직접 운영하며 호황을 이어갔다. 1980년대에는 부자재 및 재봉틀 등을 판매하는 동화 상가와 통일 상가를 개장했으며 방산 시장에는 포장, 자수 및 라벨 제조 업체들이 대거 등장했다. 더불어 도로의 확장과 교통의 발달로 유통이 편리해지자, 시장 내의 공장들이 저렴한 임대료를 찾아 창신동, 충신동, 숭인동 일대로 흩어지면서 동대문 시장의 생태계가 확장되었다. 현재는 이 지역뿐만 아니라 동대문 시장에 근접한 장충동, 신당동, 왕십리동까지 의류 생산 업체들이 퍼져있다. 1990년대부터는 청계천 남쪽으로 동대문 시장에서 제작된 의류를 도소매로 판매하는 대형 쇼핑몰들이 앞다투어 등장했다. 이로써 동대문 시장은 디자인, 패턴, 원단, 부자재, 봉제, 도매, 소매, 수출까지 말 그대로 패션 산업의 모든 공정을 한곳에서 해결하는 대규모 '원스톱' 패션 클러스터로 자리매김했다. 동대문 시장은 뉴욕의 가먼트 디스트릭트보다도 훨씬 큰 규모로 오랫동안 그 역할을 유지하고 있는데, 이는 세계적으로도 흔치 않은 사례다. 따라서 동대문 시장은 한국 패션 산업의 상징적 공간일 뿐만 아니라 서울이 세계적인 패션 도시로 성장하는 데 중요한 내러티브narrative를 제공하고 있다.

24시간도 모자란
유기적 패션 클러스터

    섬유 및 의류 산업의 호황에도 불구하고 동대문 시장은 1980년대까지 주로 브랜드 상표가 없는 수출 재고 의류인 '보세 의류'를 저렴한 가격으로 규제를 피해 판매하던 장소로 알려져 있었다. 반면, 동대문 시장과 달리 명동은 당시 맞춤 의류를 중심으로 우리나라의 하이 패션high fashion을 대표하고 있었고, 높은 공임과 그에 걸맞은 봉제 수준을 자랑하고 있었다. 하지만 1990년에 동대문 시장에 최초의 현대식 대형 도매 쇼핑몰인 아트프라자가 개장하며 경쟁력 있는 가격을 바탕으로 명동과 남대문 시장 상권에 맞서기 시작했다. 이는 동대문 시장의 생산 및 판매 구조를 또 한 번 바꾸는 계기가 되었다. 이와 함께 동대문의 호황을 가져온 요인으로 기성복의 수요 상승을 꼽을 수 있다. 맞춤 정장의 수요는 점차 줄어드는 데 비해 캐주얼한 기성복의 수요가 압도적으로 늘어나고 패션 트렌드에 재빠르게 대응하기 위해 국내 소비자들의 니즈 파악이 중요해지자, 동대문의 탄력적인 인프라스트럭처의 진가를 발휘할 기회가 찾아온 것이다. 1990년대 말부터는 도매와 소매를 병행하는 대형 패션몰이 등장하였으며, 지금은 사라진 동대문 운동장을 중심으로 '동부에는 도매상권, 서부에는 소매 상권'이라는 구조로 터를 잡았다. 이로써 서울뿐 아니라 지방과 해외 일반 소비자들까지 모여들어 동대문 시장은 전성기를 누리게 되었다.

동대문표 패션, 새벽 시장과 함께 전성기를 맞다

1990년부터 동대문 봉제공장을 통해 옷을 직접 제조하거나 새벽 시장에서 저렴한 의류를 사입해 판매하는 대형 패션몰과 '보세 옷' 상점이 급증하기 시작했다. 이를 바탕으로 2000년대 후반에는 동대문 패션 클러스터에서 연간 15조 원에 달하는 경제적 효과를 불러왔다고 한다.[41] 이러한 호황을 이끈 숨은 주역은 동대문 시장의 제조 공장들이었다. 이 공장들은 저렴하면서도 완성도 높은 제품을 제작하여 국내 기성복의 가격 경쟁력을 높였을뿐만 아니라 신속한 생산을 통해 늘어나는 수요를 소화해 냈다. 동대문 시장의 의류 제조 공장들은 시장 주변에서 빠른 속도로 의류를 생산해 냄으로써 급격히 늘어나는 의류 제품에 대한 수요를 충족시켜 왔다. 국내 소비자들의 취향에 맞춘 트렌디한 제품을 대량으로 신속하게 만들어 내는, 즉 한국식 온디맨드on-demand 의류 산업 구조를 정착시킨 것이다. 예를 들어, TV 드라마에서 유명 배우가 입고 나온 코트가 주목을 끌게 되면, 며칠 만에 그대로 본뜨거나 재해석한 옷이 배우의 이름을 딴 'OOO 코트'라 불리며 동대문 시장에서 도소매로 팔리기 시작했고 이것은 곧 전국적으로 확산되었다. 이는 1990년대 말부터 급성장한 해외 패스트 패션 브랜드의 생산 방식과 비슷해 보이지만, 동대문 시장에서는 수직계열화가 아닌 수평적 산업 구조와 디자인의 현지화localization 과정을 거쳤다는 점이 다르다. 패스트 패션 기업처럼 하나의 거대한 기업이 여러 하청 업체를 두고 생산하는 것이 아니라, 중소 규모의 여러 기업이 함께 생산하며 내수 산업을 구성한 것이다. 다시 말해, 동대문표 패션은 국내 소비자 특유의 취향과 체형에 맞춰 재해석된 제품을 여러 독립 업체의 유기적 관계를 바탕으로 국내에서 신속하게 생산 및 판매한다는 점에서 차별화된다. 국내 패션 시장의 특수성이 온디맨드 제작에 탁월한 인프라스트럭쳐를 갖춘 동대문 시장과 맞아떨어진 것이다. 2002년에는 한국 패션을 상징하는 동대문 시장이 투어리즘의 측면에서 가지는 가치가 높아짐에 따라 '동대문 패션 타운 관광특구'로 지정되었다. 이후 동대문 시장의 도매업체들과 일부 제조 공장들은 여전히 이 중소 규모 온라인 패션 브랜드들을 대상으로 꾸준히 명맥을 유지하고 있다.

이처럼 우리나라 의류 산업을 지탱한 동대문 시장은 낮 시장과 밤 시장으로 나뉘어 하루 24시간 쉼 없이 돌아간다. 최근에는 온라인 전환과 같이 유통 구조가 변화하면서 주간에만 시장이 운영되는 경우가 많아졌지만, 동대문 시장은 오랫동안 낮에는 소매가 밤에는 도매가 이루어지는 구조로 운영되었다. 동대문 밤 시장의 개장은 저녁 8시지만 본격적으로 문을 열고 활기차게 일이 시작되는 시간은 자정쯤이다. 환하게 불이 밝혀진 건물과 거리 곳곳에는 사람 몸만큼 커다란 봉투가 즐비하다. 시장을 오가는 사람들은 이런 대봉에 사입한 옷들을 잔뜩 넣어 어깨에 둘러메고 바쁘게 걸음을 옮긴다. 밤 시장 운영은 지방 상인을 위한 것이라는 말이 있다. 지방에서 장사를 마치고 동대문에 올라오면 밤늦은 시간에 도착하기 때문이다. 전국 곳곳의 의류 상점에서 버스를 대절해 동대문 시장에서 짐을 가득 싣고 떠난다. 밤새 숱한 거래가 이루어진

대봉에 가득 든 옷(출처: 서울역사아카이브).

동대문 시장은 새벽 6시경, 동틀 무렵 문을 닫는다. 날이 밝고 거리의 소음이 시작될 때, 그제야 동대문 시장 인근은 조금씩 한산해지며 하루를 마무리한다.

도매 시장은 소매 시장과는 다른 분위기여서 이색적인 경험을 위해 찾아오는 일반 소비자나 관광객도 종종 있다. 도매 중심의 가게에서는 낱개로 의류를 구입하는 것이 쉽지 않지만 의류 산업의 살아있는 현장을 둘러보는 재미가 있다고 평한다. 이따금 새벽에 영업하는 소매 시장도 있어 쇼핑도 가능하다. 또 새벽 내내 영업하는 식당과 음식 점포들이 늘어서 있어 야식으로 길거리 음식을 먹는 재미가 쏠쏠하다. 동대문의 밤 시장은 이색적인 관광 경험으로 패션 투어리즘의 요소가 될 뿐만 아니라, 국내 의류 산업의 생생한 장면을 볼 수 있다.

원단 판매와 의류 도매 및 소매가 한꺼번에 이루어지는 동대문 시장의 풍경은 국내 의류 산업의 처음과 끝을 모두 아우른다. 더불어 우리나라가 100년 전통의 섬유 강국으로 성장하는 과정을 이끈 주역으로서 사회문화적, 역사적 의미를 갖춘 장소다. 따라서 동대문 시장의 역사는 이 지역 패션 투어리즘의 근간이 되는 요소다. 동대문 시장은 패션업계뿐 아니라 일반 소비자들 사이에서도 관광 상품 및 코스로서 충분한 가능성을 지니고 있다. 이 잠재력을 바탕으로 동대문 시장을 활성화한다면 관광객에게는 이색적인 재미와 경험을, 상인에게는 경제적 이득을 불러올 수 있을 것이다.

시대의 흐름에 맞춰가는 동대문 시장의 생태계

2000년대에는 동대문 시장에서 성장한 디자이너들과 해외에서 유학을 마치고 국내에서 브랜드를 론칭하는 디자이너들이 등장했다. 동대문 시장은 이러한 신진 디자이너 브랜드가 다품종 소량 생산을 할 수 있는 장소가 되었다. 이 시기부터 동대문 시장은 신진 디자이너 브랜드를 포함한 중소 규모 브랜드와 상생하며 경쟁력을 갖추기 시작했고 현재까지도 그 관계가 유기적으로 유지되고 있다. 더이상 유행을 좇아 저가의 제품을 생산하는 시장이 아닌, 패션 트렌드를 이끄는 창조 산업으로 탈바꿈하고 있다. 이렇게 변화한 것은 저렴한 중국산 제품으로 인해 더이상 가격만으로는 경쟁할 수 없는 시기가 왔음을 자각했기 때문이다. 일부 동대문의 상인, 공장, 대형 쇼핑몰 대표들은 신진 디자이너 육성만이 동대문 시장의 미래라고 강조하며 다양한 인큐베이팅incubating 프로젝트에 동참했다. 저가의 대량 생산을 필요로 하는 대규모 의류 브랜드들은 국내외 대규모 제조 공장에 생산을 의뢰하므로, 동대문 패션 클러스터 내에 존재하는 대부분의 소규모 제조 공장들을 찾는 주 고객은 중소 규모의 브랜드들이다. 마찬가지로 대규모 공장의 높은 최소 수량을 충족할 수 없는 중소 규모 브랜드는 소량 작업이 가능한 공장을 찾게 되어 있다. 즉, 서로의 필요가 맞물리며 형성된 생태계인 것이다. 최근에는 이러한 동대문 시장의 체계적인 시스템을 바탕으로 성장한 일부 패션 브랜드들이 해외로 진출하는 성과를 거두기도 했다. 정부도 2014년부터 동대문디자인플라자DDP에서 서울 패션 위크를 개최하는 등 이 지역을 우리나라 패션의 중심지로 만들기 위해 노력하고 있다. 즉, 동대문 시장은 원자재, 제작, 리테일, 프로모션까지 패션 클러스터의 4대 요소를 모두 갖춘 'K-패션'의 근간으로서 계속 그 역할을 수행하고 있다.

동대문 시장의 유기적 생태계는 온라인 플랫폼의 발달과 함께 그 효율성이 더욱 높아졌다. 2000년대 중반부터는 '온라인 쇼핑몰'이라 불리는 이커머스 플랫폼과 유통 사업이 동대문 시장에 자리 잡으면서 새로운 성장의 계기를 가져왔다. 애플리케이션을 활용한 패션 플랫폼이 등장해 중소 의류 기업의 제품을 한데 모아 소비자의 접근성을 높였고, 풀필먼트 시스템의 등장으로 동대문 시장의 생산 및 소비 시스템이 효율화되었다. 풀필먼트란 물류 기업에서 판매자를 대신해 상품 준비, 검수, 포장, 배송까지 일괄 처리하는 유통 대행 서비스다. 배송이 빠르기로 유명한 우리나라의 유통 서비스를 뒷받침하는 시스템으로, 하루 수만 개씩 쏟아져 나오는 동대문 시장의 신제품을 데이터화하여 물류 프로세스의 능률을 높였다. 이는 웹사이트, 애플리케이션 등의 온라인 기반 거래의 비중이 높은 국내 의류 산업의 특성과 관련이 깊다. 소매업자는 동대문을 방문하지 않아도 사입이 가능해졌고, 소비자는 하나의 플랫폼에서 여러 판매자를 만나며 빠르게 제품을 받아볼 수 있다. 중소 규모의 많은 브랜드는 풀필먼트 서비스를 이용해 늘어나는 주문량을 관리하며 빠르게 규모를 키웠다. 이처럼 의류 제품의 거래에 풀필먼트 서비스의 역할이 커지자 동대문 시장 인근에는 의류 산업에 특화된 풀필먼트 센터가 대규모로 들어서고 있다. 풀필먼트는 온라인 플랫폼 기반의 패션 비즈니스를 용이하게 하며 판매자와 소비자 사이의 거리를 좁혔고, 수많은 해외 패션 브랜드가 유입되는 상황에서 내수 의류 산업을 활성화하는 데 핵심적인 역할을 하고 있다.

동대문 시장은 시대의 변화에 따라 모습을 바꾸며 국내 패션 산업을 단단히 뒷받침하고 있다. 이러한 방식을 통해 동대문 시장은 100년이 넘는 기간 동안 성장, 확장, 변화를 겪으며 유기적 패션 생태계를 형성했고, 국내 패션 산업을 책임지는 상징적인 가먼트 디스트릭트이자 최대 규모의 패션 클러스터로 거듭났다. 현재는 그 생태계가 창신, 신당, 장안, 회현, 만리동까지 확장된 상태이며 수많은 의류 제조 공장들부터 동대문 도매시장 근처의 풀필먼트 센터까지 아우른다. 이들은 동대문 시장 주변에 자리 잡아 심장에서 뻗어나간 혈관처럼 동대문 시장과 연결된다. 이제 동대문 시장 곳곳에서는 제조부터 유통과 판매에 이르기까지 의류 산업의 전 과정을 포착할 수 있다. 누군가는 열심히 재봉틀을 돌리며 옷을 만들고 누군가는 스와치swatch가 가득한 매장에서 원단을 정리하며 누군가는 대봉을 들고 새벽 시장을 누비고 누군가는 포장과 검수를 누군가는 사무실에 앉아 출고 데이터를 살핀다. 이처럼 동대문 시장은 의류 산업이 집약된 장소로 여전히 활발하게 돌아가고 있다.

동전의 양면,
평화 시장 노동자들의 애환

1960년대부터 섬유 및 의류 수출업을 통해 기하급수적으로 성장한 우리나라의 의류 산업은 6.25 전쟁 이후의 가난을 이겨낸 원동력 중 하나로 그 중심에는 동대문 시장이 있다. 하지만 고효율과 고성장만을 바라보고 달리던 동대문 시장의 이면에는 밤낮 없이 일해야 했던 의류 공장 노동자들이 있었다. 앞서 언급했듯이 이 시기에는 전 세계적으로 기성복 수요가 급증했고, 미국을 포함한 선진국의 패션 브랜드는 자국의 임대료 및 인건비 상승을 피해 해외 아웃소싱을 시작했다. 이때 대만, 홍콩 등과 함께 우리나라가 그 수혜와 폐해를 모두 겪었다. 수혜라면 고용, 경제 발달과 더불어 패션 산업을 위한 인프라스트럭처가 갖추어지는 계기가 되었다는 점이고, 대표적인 폐해로는 의류 노동자의 희생을 들 수 있다. 특히 동대문 시장 내에는 평화 시장의 노동 환경이 매우 열악했다.

스웨트숍, 평화 시장 그리고 전태일

평화 시장의 건물은 한 업체가 1층의 매장과 2, 3층의 공장 부지를 함께 사용하는 수직적 구조로 계획되었던 만큼, 공장 내 '위계질서'가 노동자들을 향한 불합리한 처우라는 결과로 연결되었다. 다수의 공장주가 십 대 소년 소녀를 '시다' 혹은 '공돌이', '공순이'라 부르며 견습생으로 고용했고 당시 커피 한 잔 값인 50원을 하루 일당으로 지급했다. 공장은 물밀듯이 들어오는 주문의 납품을 맞추기 위해 많은 인력을 필요로 했고 가난한 노동자들은 한 푼이라도 더 벌기 위해 창문도 없는 골방에서 꼬박 14~16시간을 일했다. 정부의 '근로 기준법'은 유명무실했다. 이러한 현실이 계속되자 평화 시장의 의류 제조사에서 재단사로 일하던 전태일은 1970년에 '우리는 기계가 아니다', '근로 기준법을 준수하라'고 외치며 분신 자살했다. 그의 나이 22세였다. 그의 죽음은 개발도상국에서 선진국으로 거침없이 질주하며 나아가던 우리나라 사회 전체에 파장을 일으켰으며 노동 환경의 개선에 영향을 주었다. 이 사건을 계기로 노동 문제에 대한 사회적 관심이 높아지면서, 평화 시장에는 노동조합(전국연합노조 청계피복지부)이 결성되었다. 1995년에는 그의 이야기를 다룬 전기 영화 〈아름다운 청년 전태일〉이 상영되어 화제가 되기도 했다. 전태일이 분신한 평화 시장 앞의 다리는 '전태일다리'로 명명되었으며 그의 동상이 세워졌다. 평화 시장 근처에는 전태일기념관이 자리하고 있으며, 그곳에는 전태일이 근로감독관에게 보낸 진정서를 새긴 벽이 있다. 이

1970년 좁은 공간에서 작업 중인 어린 여공들(출처: 서울역사박물관).

처럼 의류 노동자의 역사는 우리나라 의류 산업의 성장과 그 뒤의 어두운 면을 동시에 나타내며 동대문 시장에서 중요한 부분을 차지하고 있다. 상황이 많이 나아졌다고는 하지만, 아직도 동대문 시장에는 과거의 평화 시장을 연상케 하는 공장들이 곳곳에 남아 있다. 지나치게 협소한 공간을 복층으로 개조하는 등 열악한 환경에서 작업을 강행하는 곳들이 여전히 존재한다.

열악한 근로 환경 속에서 노동을 착취당하는 스웨트숍sweatshops 문제는 의류 제조업이 주요 산업인 여러 국가에서 끊임없이 발생하는 패션 산업의 고질적인 문제다. 스웨트숍이라는 단어는 1830~1850년대 산업혁명 시기 영국에서부터 쓰이기 시작했다.

당시 영국에서는 의류 공장에서 일하는 노동자를 '스웨터sweater'라 불렀는데, 이는 '땀을 흘린다'의 뜻인 'sweat'에서 파생되었다. 마찬가지로 이들이 일하는 열악한 작업 공간은 '스웨트숍', '스웨트 시스템sweat system'이라고 불렸다. 스웨트숍은 미국에서는 19세기 말부터 뉴욕 내 이민자들이 급증하고 이들이 노동자로 일하는 열악한 환경의 공장을 뜻하면서 본격적으로 사용되었다.

앞서 살펴본 뉴욕의 가먼트 디스트릭트 또한 의류 노동자의 처우 개선 문제로 갈등을 겪었다. 20세기 초, 뉴욕의 의류 노동자는 동유럽 출신 유대인 이민자들이 대부분이었고, 이들은 법적 보호를 받지 못한 채 테너먼트tenement, 즉 주거용 아파트에서 일했다. 이들이 일하는 환경은 화장실, 조명, 환기 등이 턱없이 부족한 비위생적인 공간이었다. 뉴욕주는 의류 노동자들 사이에서 천연두가 급격히 퍼지고 나서야 테너먼트 시스템을 폐지하는 작업에 착수했고, '로프트loft 공장'이 대안적인 의류 제조 시스템으로 등장했다. 이 공장은 상업용 건물 내의 창고형 공간을 뜻하며, 적절한 조명과 환기 시설을 갖췄고 작업 공간이 테너먼트 공장보다 훨씬 넓었다. 그러나 이러한 변화는 의류 노동자들의 노동 환경 개선에 큰 영향을 주지는 못했다. 오히려 공장의 공간이 넓어진 만큼 더 많은 노동자를 몰아넣는 역효과가 나타났고, 공장주들은 노동자들에게 더 많은 노동을 요구하고 문을 잠가 놓고 일을 시키

1900년대 초 뉴욕의 로프트 공장(출처: New York Public Library(Workroom in a Wholesale Millinery Establishment, 1907-1933)).

는 등 본격적인 착취를 자행했다. 결국 1911년 '트라이앵글 셔트웨이스트Triangle Shirtwaist'라는 로프트 공장에서 146명의 의류 노동자가 화재로 목숨을 잃는 사고가 발생했다. 밖에서 잠긴 문을 열지 못해 피해가 더욱 컸고, 미국 의류 제조업 역사상 전례 없는 참사로 기록되었다. 뉴욕에서는 이미 1909년에 의류 노동자 2만여 명이 파업한 사건이 있었다. 뉴욕 의류 봉제공장의 여성 노동자들이 지나친 초과 근로와 낮은 임금, 열악한 노동 환경을 이유로 파업에 나선 것이다. 이 파업은 미국 의류 산업의 노동 문제를 가시화하였고, 이후 트라이앵글 공장 사고를 통해 그 심각성이 낱낱이 드러나게 되었다. 이를 계기로 뉴욕에서는 새로운 노동법이 통과되고 노동 환경이 점차 개선되기 시작했다. 동대문 시장과 마찬가지로 노동자들의 생존을 위한 노동 운동과 세간의 이목을 끄는 충격적인 사건 및 희생이 있고 나서야 그 변화가 시작된 것이다.

스웨트숍 문제는 과거 근대화 및 산업화 과정에서 겪은 일시적 시행착오가 아닌 세계 의류 산업의 고질적인 문제다. 단순히 공장주와 노동자 사이뿐만 아니라 글로벌 노스Global North와 글로벌 사우스Global South, 즉 선진국과 개발도상국 사이의 정치·경제적 수직적 위계질서가 초래하는 구조적 불평등의 문제이기도 하다. 특히 끊임없이 새로운 의류 상품을 대량으로 생산하는 패스트 패션의 강세로 스웨트숍 문제는 끊이지 않고 있는데, 지나치게 저렴한 하청 공장의 인건비와 정부의 허술한 규제가 그 원인으로 꼽힌다. 2012년에는 방글라데시의 수도인 다카Dhaka 근처에 위치한 의류 공장에서 화재가 발생하여 117명의 사망자와 200여 명의 부상자가 발생하여 세계적인 이슈가 되었다. 이 사건은 100년 전 뉴욕의 사건을 떠올리며 의류 업계에 경각심을 일으키는 계기가 되었다.

현재 세계 패션 업계와 학계 그리고 소비자 모두 주목하고 있는 패션의 탈식민화decolonization of fashion 과정의 중요한 과제 중 하나가 바로 노동 환경의 개선과 공정한 임금의 약속이다. 수직적 계열화vertical integration 구조로만 지속 가능한 패스트 패션 업계의 노동 환경 및 임금 문제는 결국 선진국과 개발도상국 간 경제적 종속이 근원이기 때문이다. 평화 시장의 노동 역사는 다시 한번 우리에게 의류 업계 내 변화의 필요성과 개선의 가능성을 보여 주는 중요한 서사다.

상점과 공장의 분리
그리고 동대문 패션 클러스터의 확장

전태일의 분신 이후 동대문 시장은 의류 노동자들의 노동 운동, 노동조합의 설립 등을 겪으며 열악한 노동 환경과 근로 조건을 차츰 개선해 나갔다. 더욱 중요한 것은 이러한 노력을 통해 상점주와 공장 노동자를 분리할 필요성이 주목받았다는 것이다. 노동 환경에 대한 인식 제고를 바탕으로, 1980년대 후반부터 의류 제조 공장들이 동대문 시장에 근접한 충신동, 창신동, 숭인동 등 주변 주택가로 옮겨 테너먼트 공장을 설립하기 시작했다. 도로와 교통 그리고 물류의 발달 덕분에 높은 임대료를 감당하며 시장 내에 머물 필요가 없어졌기 때문이다. 즉, 동대문 패션 클러스터가 현재와 같은 모습으로 변화하고 확장한 배경에는 노동 환경 개선에 대한 사회적 목소리가 있었다. 이에 동대문 인근 지역은 의류 제조 업체와 의류 노동자의 유입으로 일반 주택가에서부터 가내 하청업이 집적된 가먼트 디스트릭트로 변모했다. 이는 상점 주인이 직접 공장을 운영하며 의류를 생산하던 기존의 수직적 구조에서 독립적인 공장이 상점의 주문을 받아 작업하는 수평적 방식으로의 변화를 뜻했다. 상점과 공장의 분리는 의류 노동자들의 노동 조건을 개선했고 동대문 시장 상권이 활성화되는 계기가 되었다. 공장들이 빠져나온 2, 3층의 공간에 새로운 상점들이 급속히 들어섰기 때문이다.

이러한 변화에 따라 창신동 일대는 1980년부터 50년이 넘는 기간 동안 서울의 대표적인 봉제 지역으로 자리했다. 창신동의 건물은 대부분 지하와 1층에 작은 봉제공장들이 있고, 2층부터 일반 주거지로 구성된 독특한 구조다. 이런 테너먼트 공장들은 일반 주택의 모습을 띠고 있어 패션 업계 종사자가 아니면 잘 알아보지 못하지만, 거리를 걷다 보면 열린 문틈으로 재봉틀을 돌리는 작업자들을 볼 수 있다. 또 문 앞에는 자투리 원단이 가득 담긴 커다란 쓰레기봉투가 놓여 있다. 동대문 시장을 누비던 지게꾼들도 창신동 골목 깊은 곳까지 들어와 커다란 짐을 싣고 쉴 새 없이 오간다. 이른 새벽부터 깊은 밤까지 창신동은 재봉틀 소리와 오토바이 소리로 고요할 날이 없다. 더불어 이곳에는 패턴 가게, 재단 공장, 봉제공장, 주머니를 달거나 옷을 다리는 공장 등 의류 제조 공장들이 밀집해 있다.

이 지역의 활기는 섬유 및 의류 산업을 기반으로 경제 성장을 이뤘던 20세기 후반 우리나라의 발전에 이바지했고, 50년이 넘는 시간 동안 '메이드 인 코리아'를 책임졌다. 한때 국내 의류 시장에서 유통되는 의류의 70퍼센트가 동대문 및 남대문 시장에서 팔렸는데, 그 옷의 대부분이 창신동 일대에서 생산됐다. 늘 바쁘게 돌

봉제공장 풍경(출처: 서울역사아카이브).

아가는 창신동의 재봉틀 소리는 근면함으로 '한강의 기적'을 이뤘던 우리나라 노동의 정신을 대변한다. 10~20대부터 미싱사로 일하기 시작해 50~60대가 된 노동자들이 여전히 자리를 지키며 봉제 마을을 지키고 있으며 창신동은 낡고 바랜 정경과 함께 서울의 현대사를 고스란히 품고 있다.

요즘 창신동 일대에는 공장 임대 안내판과 구인 포스터가 여기저기 붙어 있는 것을 볼 수 있다. 과거 3000여 개에 달했던 봉제공장은 2019년 기준 900개 정도 남았을 것으로 추산한다.[42] 우리나라도 인건비 상승으로 인해 개발도상국에서 아웃소싱으로 생산하는 입장이 되었고, 봉제 인력이 점차 고령화됨에 따라 노동자 수도 줄고 있다. 이처럼 생산 기반이 약화함에 따라 내수 의류 산업의 성장에 대한 우려가 곳곳에서 들린다. 그러나 이 지역의 테너먼트 공장들은 여전히 신진 디자이너들을 포함한 중소 규모 내수 패션 브랜드들의 버팀목이 되고 있다. 더불어 봉제 업체와 디자이너의 코워킹co-working 오피스나 봉제 체험 및 교육 공간을 마련하는 등 창신동의 맥을 잇기 위해 다양한 노력이 이루어지고 있다.

　뉴욕의 소외된 의류 노동자들이 생계를 찾아 형성한 가먼트 디스트릭트가 슬럼화된 한 지역의 생태계를 완전히 변화시켰듯이 동대문에서도 정부의 도시 계획이 아닌 점주, 공장주, 노동자들이 시대의 변화에 따라 자생적인 경제 생태계를 형성했다. 이렇듯 패션 산업을 중심으로 하는 특수 경제 지역인 동대문 시장은 주변 지역의 경제 활성화를 가져오며 대규모 패션 클러스터로서 확장해 나갔다. 글로벌 브랜드의 부상과 아웃소싱의 확대로 동대문 시장이 부진하다는 염려가 많지만, 동대문 시장은 여전히 국내 의류 산업의 상징적인 장소다. 의류 관련 신생 업체들은 대부분 동대문 시장을 기반으로 성장하며 의류 산업 종사자들이 한 번 이상 방문해야 하는 핵심적인 패션 디스트릭트다. 더불어 온라인 시장의 비중이 높아짐에 따라 모습을 바꾸며 시대 변화에 빠르게 적응하고 있다. 이에 동대문 시장은 국내 의류 산업의 면면을 확인할 수 있는 서울의 대표적인 패션 투어리즘의 장소이며 패션 클러스터로서 동대문 시장의 역할은 앞으로도 지속되리라 예상한다.

3

명동

패션의 흐름을 엿보다

조선 시대에 남촌 혹은 한성부의 행정 구역상으로 '명례방明禮坊'이라 불린 명동은 일제 강점기부터 급진적으로 근대화된 상업 지역이다. 일제 강점기의 시작과 함께 명동에는 낯설고 신기한 외래 문물이 유입되었다. 특히 당시 명동 일대의 중심인 본정통本町通(혼마치도리)에 미츠코시 백화점을 비롯한 상업 시설이 들어서면서 명동은 서울에서 가장 번화한 상권으로 자리 잡았다. 엄밀히 말하면 본정통은 현재의 충무로에 해당하는 지역으로 현재 행정 구역상의 명동과 차이가 있다. 오늘날의 명동은 일본 천왕의 이름을 딴 명치정明治町(메이지초)으로 본정통과는 다른 장소였다. 그러나 1882년 임오군란 이후 일본인들이 지금의 충무로와 명동 일대인 진고개를 본정통이라 부르며 새로운 상권을 개발했고 그 근처의 명치정이 본정통의 장소성을 흡수하며 점차 변화했다. 이후 본정통의 기능이 변모되고 약화되면서 점차 쇼핑의 중심은 명치정, 즉 명동중앙로와 명동길을 중심으로 형성되었다.

혼마치 입구, 메이지마치明治町, 혼마치本町라 불렸던 명동과 충무로는 일본인 최고의 상
업과 금융의 거리였다(출처: 공공누리).

1911년 일제 강점기 경성 번화가의 대명사인 본정통(출처: 한국저작권위원회).

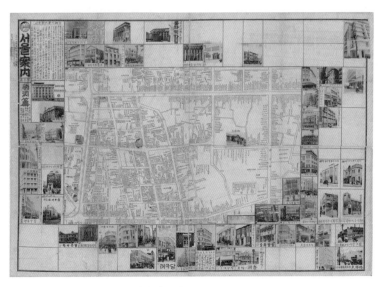

1960년대 명동 지도(출처: 서울역사박물관).

　명동은 광복 이후 서울에서 가장 번화한 공간으로 문화와 예술이 번성하고 최신 유행을 선도하는 패션 디스트릭트로 성장했다. 미군이 주둔한 1950년대부터 명동에는 양장점, 미용실, 백화점을 비롯해 최신 유행을 이끄는 소비 공간이 밀집됐다. 명동은 자연스럽게 유명 배우와 가수, 여대생, 상류층 여성 등의 패션 리더들을 끌어들였다. 또한 6.25 전쟁 후 명동에는 각계의 문화 예술인들이 모여 다방 문화를 형성했다. 이는 1970년대 새로운 패션을 이끈 청년 문화가 등장하는 발판이 되었다.

　이처럼 명동은 외래 문물 유입의 통로이자 유행의 중심지로 소비 욕망을 구축한 장소이면서 문화 예술의 부흥과 청년 문화 태동의 중심지였다. 다시 말해 명동은 외국 문화의 유입과 패션 리더들에 의한 유행의 하향 전파를 이룬 곳이자 청년들이 유행을 주도하는 상향 전파가 출현한 현장이기도 하다. 한편, 오늘날의 명동은 특유의 상업적 공간으로서 외국인 관광객을 위한 패션 관광 디스트릭트로 기능하고 있다.

　이 장에서는 명동에서 서울의 패션이 탄생하고 확산하는 모습을 두 가지 방향으로 살펴보고자 한다. 하나는 미군에 의해 유입된 외래문화와 패션 리더들에 의해 형성된 패션 문화고, 다른 하나는 문학과 예술을 꽃피운 다방 문화와 청년을 중심으로 거리에서 탄생한 스트리트 패션 문화다. 나아가 명동에 새겨진 장소성을 '쇼핑 투어리즘shopping tourism'의 개념으로 접근하여 명동의 풍부한 패션 문화 요소를 되짚어 보고자 한다.

외래 문물의 도입과
패션 리더의 등장

　　1945년 일본의 점령이 끝난 명동에 미군이 주둔하면서 명동은 미국 문화로 채워지기 시작했다. 특히 6.25 전쟁 동안 미츠코시 백화점 자리에 미군 PXPost Exchange가 들어오면서 그 주변에 일명 '딸라 골목'이 조성되었다. 그곳에는 각종 미제 물품이 채워지기 시작했는데, 그중 명동1가와 2가로 흘러 나간 패션 잡지는 서양 패션이 유입되고 유행이 발생하는 직접적 요인이 되었다.

1954년 6월 22일 서울 현 세종대로 옆 미군 PX(출처: 한국저작권위원회).

1956~1963년 서울 을지로1가 (구)반도호텔(©한영수. 한영수문화재단 제공).

이러한 영향으로 서양 문물에 관심을 가진 사람들은 점차 서양 패션과 제품에 대한 열망을 품으며 전통 복식을 벗어던졌고 비판적 수용 과정 없이 서양 복식을 동경했다. 이러한 사람들의 욕망을 채우듯 명동의 골목에는 1955년경부터 양장점과 미용실이 들어섰고, 일제 강점기에는 존재하지 않았던 유행 현상과 패션 문화가 화사되면서 서울의 패션 리더들을 끌어들였다.

당시 명동은 서울의 패션 중심지 역할을 했다. 6.25 신생 이후 명동에는 전쟁 이전에 종로와 광교 등지에 흩어져 있던 양장점들이 운집하였고, 1세대 패션 디자이너인 최경자, 노라노 등을 중심으로 최신 유행을 선도하는 서울의 대표적인 패션 디스트릭트로 성장했다. 당시 명동의 모습은 유행 전파 이론 중 '하향 전파 이론 trickle-down theory'으로 설명할 수 있다. 하향 전파는 상류층에서 시작한 패션이 하류층으로 이동 및 확산한다는 이론으로 독일 사회학자 게오르크 지멜Georg Simmel이 소개했다. 하향 전파는 하류층의 모방 심리로 인해 상류층의 의복이 하류층으로 확산하면, 상류층은 하류층과의 구분을 위해 다시 새로운 스타일을 시도하면서 지속적으로 유행을 만드는 현상이다. 최신 패션을 선보이는 명동의 양장점과 패션을 선도하는 여성들 그리고 해외 패션을 소개하는 패션 잡지가 모인 명동은 새로운 스타일을 채택하는 계층과 이를 모방하는 계층이 공존하며 스타일의 하향 전파를 관찰할 수 있는 곳이었다.

'딸라 골목'에서 흘러나온 패션 잡지

일제 강점기에는 특정한 복장의 착용이 강제되었다.

여성은 몸뻬もんぺ를, 남성은 카키색의 국민복을 입어야 했다. 모두 식민 정책의 전형적인 아이템으로 노동 착취 또는 획일화를 목적으로 한 통제 장치였다. 남성에게는 의복의 간소화를 위해 국민복과 함께 각반의 착용 또한 강제했다. 각반은 발목에 차는 보호대를 말한다. 이렇게 일본이 옷차림을 통제하던 당시 조선인의 의복에서는 멋이나 유행을 찾아보기 어려웠다. 그런데 광복과 함께 명동에 변화가 일어나기 시작했다. 그 배경에는 미국 문화로 대변되는 서양 문화의 대중적 수용이 있었다. 명동 미츠코시 백화점 자리에 미군PX가 들어오고 그 주변에 '딸라 골목'이 생기면서 각종 미제 물품이 쏟아졌다. 그중 미군이나 외교관 부인들 혹은 소

서울 1956~1963(ⓒ한영수, 한영수문화재단 제공).

수의 디자이너가 들여온 〈보그Vogue〉와 〈엘르Elle〉 같은 패션 잡지는 서양 패션을 소개하고 유행을 선도하게 되었다.[43] 이렇게 명동으로 흘러들어온 패션 잡지는 치장에 대한 여성들의 관심을 증폭시켰고, 이는 소비로 이어졌다. 딸라 골목의 패션 잡지는 일부 계층에 사치와 낭비의 소비 풍조를 조장할 만큼 영향을 끼쳤으며, 명동이 패션의 발상지가 되는 데에 직접적 요인이 되었다.

한편 〈여원〉, 〈여성계〉, 〈여학생〉 등 국내에서 발간된 여성지는 명동으로 유입된 해외의 유행을 현지화하고 구체화했다. 특히 〈여원〉은 해외 트렌드를 반영해 한국적인 양장을 디자인하는 명동 패션 디자이너들의 의류를 정기적으로 소개하여 패션 디스트릭트로서의 명동의 이미지를 공고히 했다. 여성지들은 직업, 나이, 상황에 따라 어떻게 옷을 입어야 하는지부터 각 의복에 어울리는 화장법이나 머리 손질법과 같은 스타일링을 제안했다. 이러한 스타일링 팁은 주로 양장의 전문가라 칭하던 명동의 디자이너들이 담당했다. 디자이너들이 패션 에디터로서 패션 정보를 공급하는 역할을 수행한 것이다. 명동의 패션 디자이너들은 명동 거리에 나온 여성들의 스타일을 평가하기도 했다. 대표적으로 명동 일류 양장사이자 디자이너였던 최경자는 〈여원〉을 통해 명동 거리에서 찍힌 사진 속 여성들의 옷차림에 대해 유행에 맞게 착용하였는지, 스타일링이 세련되었는지, 또 그것이 어떤 스타일인지에 관해 설명했다. 이처럼 1950~1960년대에는 명동의 패션을 다루는 주류 패션 잡지와 유명 디자이너들이 패션을 주도하고 스타일의 전파에 선도적인 역할을 했다.

고급 맞춤 양장점과 마카오신사 양복점

6.25 전쟁 이후 명동중앙로와 명동길에 들어선 수많은 양장점과 양복점은 명동이 패션 디스트릭트로서 자리매김하는 데에 중추적인 역할을 했다. 이미 광복 전부터 상권이 형성된 명동에 패션 잡지가 유입되면서 유행의 모방에 대한 열망이 일어나고 피난지에서 운영하던 양장점들이 하나둘 돌아오면서 명동에 빽빽하게 자리를 잡았다. 특히 양장점은 명동2가에 밀집되어 있었는데 1971년에는 150여 개에 달할 정도로 빠르게 증가했다. 아리사, 엘레제, 마드모아젤, 뷔그, 라모오드, 파리, 노블 등 영어, 프랑스어, 이탈리아어 등의 외국어 상호가 많았던 것으로 보아 서양 패션 문화가 큰 영향을 끼쳤음을 알 수 있다.

광복 이후 서울에 가장 처음으로 문을 연 양장점은 한동석이 운영하였던 한양장점으로 알려져 있다. 이어 대구에서 피난살이를 하다 돌아온 최경자가 국제양장사를 명동2가 한가운데에 열면서 두 번째 양장점이 되었다. 이를 계기로 명동에는 양장점이 하나둘

1950~1960년대 명동 거리(출처: 서울생활사박물관).

씩 생기면서 그 수가 급격하게 증가했다. 당시 패션은 서울 명동에서 탄생한다고 할 정도로 명동 거리의 양장점들이 최신 스타일을 소개하는 데 앞장섰다. 양장점을 운영하던 디자이너들은 파리, 뉴욕, 도쿄 등을 오가며 디올Dior 스타일의 플레어 스커트, 영화 〈사브리나〉 속 맘보바지, 중국풍 드레스 등 해외 최신 유행을 반영한 제품들을 선보였다. 명동의 양장점은 패션 시즌의 시작을 가장 먼저 알리는 현장이기도 했다. 코트를 벗기에는 아직 추운 날씨임에도 명동 거리의 쇼윈도는 봄 컬러의 원피스 드레스와 양단

겹저고리를 전시하며 새로운 패션 시즌을 알렸다. 이에 여성들은 신상품을 구매하거나 최신 스타일을 구경하기 위해 명동으로 몰려들었다. 6.25 전쟁 이후 1950년대 명동은 서울 최대의 상권 지역으로 패션을 선도하는 데 있어 디자이너의 위치가 지배적이었다. '만들기만 하면 팔린다'고 할 정도로 명동의 양장점들은 큰 인기를 끌었다. 패션을 좇는 여성들의 욕망을 채우기 위해 일부 양장점은 벨벳, 나일론, 양단, 모피 등 밀수된 고급 수입 소재로 옷을 만들었다. 더 나아가 금지된 품목들을 은밀한 곳에서 판매하기도 했다. 또한 국내외 패션 잡지 속 의류를 그대로 모방하거나 명동의 유명 디자이너 제품을 카피하는 등 경제 및 문화적인 상류층으로부터 스타일이 아래로 전파되는 하향 전파의 양상을 띠었다. 명동의 양장점은 서양 패션인 양장을 소개하고 스타일링을 제안함으로써 패션을 선도하고 소비 욕망을 자극했다.

명동의 트렌드를 주도한 곳은 1세대 패션 디자이너인 최경자, 노라노, 오송죽과 심명언, 서수연, 김경희 같은 디자이너들이 운영한 양장점이었다. 디자이너 부티크로서의 양장점은 1970년대까지 명동이 소량 맞춤 생산과 판매를 중심으로 하는 하이 패션 위주의 상업 지역으로 자리매김하는 데 이바지했고 우리나라 하이 패션의 초석을 마련했다. 디자이너들이 운영하던 양장점에는 윤복희, 김지미, 나애심 등 당대 유명 배우와 가수들이 무대 의상을 맞

명동 양장점 지도.

1971년 을지로 건널목을 건너는 양복 입은 사람들(출처: 한국저작권위원회).

추기 위해 드나들면서 그야말로 명동은 패션 리더들이 모이는 '핫플레이스'가 되었다.

명동의 거리에는 양장점뿐 아니라 양복점도 들어왔다. 개화기 전부터 인기를 끌었던 양복점은 회사 건물이 많았던 지금의 을지로와 충무로 일대에 많이 들어서 있었는데, 6.25 전쟁 이후에는 명동에도 마카오신사를 위한 양복점들이 생기기 시작했다. 본래 마카오신사는 홍콩을 오가며 무역을 하는 사람들을 일컬었으나 멋쟁이라는 의미로도 사용되었다. 또 마카오나 홍콩 등지에서 밀수입된 양복지로 옷을 지어 입고 고가의 해외 브랜드 제품으로 치장한 사람을 지칭하기도 했다. 마카오신사의 요건을 갖추기 위해서는 마카오 양복을 비롯한 기타 아이템이 필요했다. 영국의 드레스셔츠, 이탈리아의 발리 구두, 스위스의 롤렉스 시계, 이탈리아의 필그램 악어가죽 벨트, 프랑스 브랜드인 디올이나 루이비통 손가방, 미국의 샘소나이트 여행용 트렁크 등이다. 이러한 아이템에는 큰 비용이 들기 때문에 진정한 의미의 마카오신사는 거의 존재하지 않았다. 일부 부유층 남성들과 깔끔한 제복을 차려입어야 하는 세관원들만이 '합법적인' 마카오신사였다고 볼 수 있다. 하지만 해외로 나가기 어렵고 외국산 제품을 동경하던 시기에 마카오신사는 존재 자체만으로도 신기한 대상이었고 이들의 스타일을 추구하는 양복점이 큰 인기를 끌었다.

명동은 자신만의 독창적인 스타일과 취향으로 한국적인 양장을 개발한 디자이너 부티크로서의 양장점, 디자이너들의 제품을 모방하거나 고객의 요청대로 옷을 맞춰주는 기존의 테일러tailor가 운영한 양장점 그리고 마카오신사를 위한 양복점까지 여러 의류 전문점이 혼재했다. 명동은 당대의 유행 스타일을 선도하는 양장점과 양복점을 중심으로 패션 리더가 집합하는 장소로 변화했다.

명동을 드나드는 패션 리더들

유명 양장점과 미장원이 늘어나면서 패션에 민감한 여성들이 명동으로 모여들었다. 잡지와 신문은 명동으로 나온 여성들의 옷차림을 앞다투어 평가했다. 패션 저널리스트의 역할을 겸한 디자이너들은 신랄한 비판을 서슴지 않았다. 그럼에도 자신을 드러내는 데에 주저함이 없던 패션 리더 여성들은 이를 즐기듯 점점 더 명동으로 모여들었는데, 이러한 현상은 1960년대 후반까지 계속되었다. '신식', 즉 새로운 패션을 발 빠르게 받아들였던 여

1971년 명동. 우산 파는 사람 뒤로 지나가는 패션 리더 여성들(출처: 한국저작권위원회).

성들은 명동을 무대 삼아 유행하는 옷을 맞춰 입고 최신 스타일을 추구함으로써 패션 리더로서의 정체성을 굳혀갔다. 이들에게는 명동 거리를 활보하는 것 자체가 새로운 문화를 빠르게 접하는 경험이었다. 이에 대해 1934년생 한 여성은 다음과 같이 회상했다.

"친구들이랑 명동으로 나가는 거야. 명동에 나가면 그건 최고의 하이클래스지. 배우들도 많고. 명동 거리는 새로운 문화가 도입이 돼가지고, 전부 양장을 맞춰서 해 입었어요. 그때는. 그다음에 하이힐을 신지. 양산도 들었고. 그게 신식이에요."[44]

1960년대 서울 명동 거리(출처: e영상역사관).

명동에서는 유명 배우와 가수, 고위층 부녀자들, 여대생, 디자이너 들이 패션 리더의 역할을 했다. 1950~1960년대 유명 배우와 가수들은 외모를 관리하고 치장하기 위해 명동을 찾았다. 대표적으로 엄앵란, 최지희, 최은희는 노라노 양장점을 찾았고 나애심, 김시스터즈, 윤인자는 최경자의 국제양장점의 단골이었다. 이들은 일상복은 물론 영화, 공연, 행사 등에 필요한 옷을 맞추고 그에 걸맞은 헤어와 메이크업까지 명동에서 했다. 대중에게 잘 알려진 여배우와 가수가 명동에 모이는 것 자체만으로도 명동은 관심의 대상이자 패션 리더의 장소로 인식되었다. 셀러브리티로서의 여배우와 가수들은 여성지 화보에 모델로 등장하여 패션 이미지의 주인공으로 독자들의 관심을 받았고 명동의 패션을 선도하는 역할을 하게 되었다. 여성지 독자들은 유명 배우와 가수들을 패션 리더로 보고 그들이 화보에서 착용한 새로운 양장과 헤어 스타일을 모방했다.

여배우와 가수들은 패션 디자이너와 긴밀한 관계를 유지했다. 특히 1950~1960년대를 이끌었던 여성 디자이너들은 존경과 관심을 한 몸에 받는 성공한 사람들이었다. 대표적인 디자이너로는 앞서 언급한 최경자와 노라노 외에도 서수연, 한희도, 최금린이 있었다. 이들은 일제 강점기에 일본에서 양재를 공부했거나 광복 이후 프랑스, 미국 등지에서 유학하고 돌아와 최신 스타일을 선보이

최경자, 1937(출처: 국립민속박물관).

고 새로운 여성상을 제시했다. 1950년대는 여성의 사치와 허영을 비판하는 사회적 분위기로 인해 직업여성이나 명동 양장점에 대한 부정적인 시선이 존재했다. 이 가운데 여성 디자이너들은 고정관념을 깨면서도 사회적 가치관에 부합하는 디자이너만의 창의적인 스타일로 긍정적인 직업여성의 모습을 보여 주었다. 이는 1950년대 명동의 양장점을 배경으로 한 소설《젊은 설계도》에서도 잘 드러난다.**45** 일하는 여성으로서 유행을 선도하는 디자이너들은 패션 리더이자 여성들의 롤모델 역할을 했다.

고위층 부녀자들도 패션 리더로서 명동에서 패션을 소비하고 전파하는 역할을 했다. 최고와 최신을 추구하는 명동의 양장점 제품은 다른 지역의 상점 제품과 비교했을 때 비싼 것으로도 유명했다. 고급 맞춤복은 2만 4000원에서 3만 원이었다. 회사원 7~8개월 치 월급에 해당하는 금액이다. 이렇게 높은 가격을 지불할 수 있는 사람들은 고위층 부녀자와 같은 제한된 계층이었다. 또한 명동을 드나드는 패션 리더들 중에는 여대생도 있었는데 이들은 지성인으로서 중요한 위치를 담당했다. 당시는 대학생이라는 신분 자체만으로도 여성들의 선망의 대상이었다. 새로운 세대의 변화된 의식과 행동 양식을 반영하고 있는 인물로서 여대생은 소설, 드라마, 영화 등 각종 매체에 주인공의 신분으로 자주 등장했다. 여대생은 패션에 민감하였고 새로운 스타일을 초기에 채택하였으며 여성이 따라 하고 싶은 선망의 대상으로서 여성지에도 자주 등장했다. 이렇게 멋지게 차려입은 패션 리더들이 모였던 명동은 서울 시내에서 가장 패셔너블한 지역으로 자리하게 되었다.

패션은
거리로부터

　　명동의 화려함은 1970년대에도 이어졌다. 1970년대
는 대중문화의 시대라고 할 수 있다. 1961년 한국방송공사KBS를
시작으로 같은 해 문화방송MBC, 1963년 동아방송이 잇따라 개국
하면서 대중문화의 전파가 빨라지고 대중문화 소비도 촉진되었
다. 청년들은 대중문화와 최신 패션에 빠져들었는데, 특히 그들의
정체성 형성에 있어 음악의 영향이 중요하게 작용했다. 청년 문화
는 전통과 현대 그리고 기성세대와 청년세대가 대립하던 시기 여
러 나라에서 청년 집단을 중심으로 나타난 문화 현상이다. 대표적
으로 영국 청년 중심의 테디 보이Teddy boys, 펑크Punks 그리고 미국
의 흑인 문화에서 시작된 주티Zooties와 힙합Hiphop이 있다. 이러한
청년 문화 집단은 전통 사회에서 비롯된 가치나 문화에 대해 저항
하는 하위문화의 특성을 보이면서 주류 사회의 가치를 거부하는
저항적인 움직임을 보였다. 무엇보다 이들은 기성세대 혹은 주류
문화와의 거리를 두기 위해 자신들만의 스타일로 집단 구성원의
정체성을 드러냈다. 1970년대 서울 명동에서 젊은이들을 중심으
로 기존의 지배적인 문화나 체제를 거부한 양상 역시 비슷한 문화
현상이다.

명동을 중심으로 한 청년 문화는 1950~1960년대 명동의 다방에서 시작점을 찾을 수 있다. 1920~1930년대 초창기 명동 다방에는 주로 지식인이나 일본 유학생, 상류층 인사가 출입했다. 6.25 전쟁 후에는 가난한 예술인들이 모이며 문화 예술인의 만남의 장으로 기능했다. 다방은 단순한 사교 모임이 아닌 미술, 영화, 문학 등 예술을 토론하는 공간이자 불안과 절망을 토로할 수 있는 탈출구였다. 또 젊은 예술가와 문인의 등용문이기도 했다. 다방에 모인 예술인들은 관습에 구애받지 않고 자유분방한 성향을 보이는 일종의 보헤미안Bohemian으로, 상류층 혹은 부르주아 계급과는 거리를 둔 스타일을 즐겼다. 낭만을 추구하고 멋 내기를 좋아하는 젊은이들은 명동의 예술인 스타일을 따라 하기도 했다. 이후 1960년대 말부터 명동이 패션의 중심지로 변모하면서 명동 다방의 자리는 가난한 예술가 대신 새로운 청년 집단이 채우기 시작했다. 이는 1970년대 한국식 히피hippies라고 불리는 청년 문화의 형성으로 이어졌다. 이 청년들은 미국의 히피 문화로부터 영향을 받아 장발, 청바지, 통기타, 생맥주, 대마초 등으로 대표되는 문화를 형성하였고 명동의 거리를 청년 문화의 요람으로 만들었다.

　　상향 전파 이론bubble-up theory은 청년, 흑인, 노동자 등 비주류 계층에 의해 채택된 스타일이 점차 상위 계층으로 확산한다는 이론이다. 다방 문화에서 출발해 청년을 중심으로 조성된 비주류 문화는 시간이 지나면서 점차 주류 문화로 편입되었고, 대중문화의 지형에 변화를 일으키며 유행되었다는 점에서 상향 전파되었다고 할 수 있다. 앞서 살펴본 것처럼 명동 거리에서는 상류층에서 하류층으로 전파되는 하향 전파뿐만 아니라 상향 전파 현상도 나타났다. 그만큼 명동은 스타일의 확산이 이루어지는 중심적인 패션 디스트릭트였다.

명동 뒷골목을 배회하는 다방의 보헤미안

명동은 패션을 선도했을 뿐 아니라 6.25 전쟁 이후 문화 예술의 부흥을 일으킨 지역이다. 그 중심에는 명동의 다방 문화가 있었다. 우리나라 최초의 다방은 일제 강점기인 1923년경 문을 연 충무로3가(당시 본정 3정목)의 '후다미二見'와 충무로2가의 '금강산'이 대표적이다.[46] 당시 다방은 사교계 인사들을 비롯한 조선의 멋쟁이라 불리는 이들의 영역이었다. 이후 다방은 도쿄 유학파들의 출입이 늘어나면서 엘리트 계층의 문화 예술 공간으로 변모했다. 6.25 전쟁 이후에는 젊은 예술가들이 모여들면서 다방은 황금기를 맞이했다. 다방 문화의 중심에는 시인 이상(1910~1937)이 있었다. 이상은 1935년 우리말로 보리를 뜻하는 '무기麥'부터 종로 1가에 제비다방, 69다방, 쯔루鶴다방 등 다수의 다방을 열었다. 비

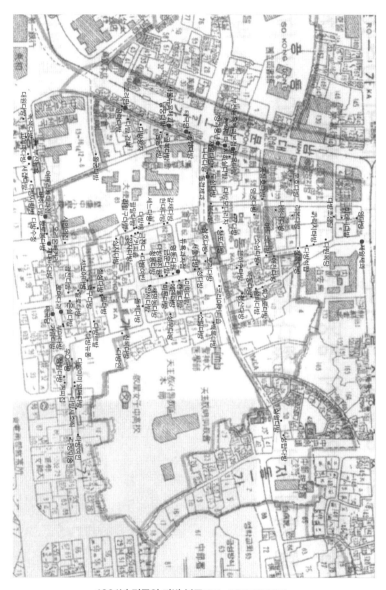

1961년 명동의 다방 분포(출처: 서울역사아카이브).

록 문을 열자마자 닫을 정도로 유지하지는 못했지만, 다방 문화의 효시로서 주변 골목마다 다방이 들어서는 계기를 마련했다.

6.25 전쟁 동안 명동을 떠난 문인, 화가, 연극인 등 문화 예술인들은 명동의 상권이 점차 회복되자 다시 다방으로 꾀어들었다. 이들은 다방을 무대 삼아 모나리자파, 문예싸롱파, 청동다방파 같은 집단을 결성했다. 음악, 그림, 영화, 문학 등을 논하고 출판강연회 등의 행사를 열었다. 전화기가 귀하던 시절의 명동 다방은 연락 장소로서 기능과 사랑방 역할을 했다. 더욱이 가난한 예술인들과 문인들에게 그곳은 단순한 사교 모임이 아닌 일터와도 같았으며 예술계와 문학계에 입문할 수 있는 등용의 장소였다. 이렇게 명동이 당시 문화 예술인들의 본거지가 된 데에는 국립극장이 명동에 있었기 때문이다. 현재 명동예술극장으로 알려진 당시의 국립극장은 당대 유명 배우와 가수들의 주무대였기 때문에 많은 문화 예술인이 드나들 수밖에 없었고, 이에 따라 다양한 다방이 들어설 수 있었다.

명동 다방을 무대 삼아 활동했던 대표적인 예술인으로는 《명동백작》으로 알려진 소설가 이봉구(1916~1983), 《세월이 가면》의 시인 박인환(1926~1956) 그리고 추상 미술의 화풍을 이끈 김환기(1913~1974), 이중섭(1916~1956) 등이 있었다. 명동 다방 문화의 황금기를 연 이들은 문화 예술의 상징이었고, 명동 뒷골목에서 이들

1971년 명동 국립극장(출처: 한국저작권위원회).

의 스타일을 추종하는 젊은 예술가들을 어렵지 않게 볼 수 있었다. 낭만과 자유 그리고 예술을 추구하던 이들은 명동의 보헤미안이었다. 19세기 프랑스 소설가 앙리 뮈르제Henri Murger는 소설《보헤미안 생활의 정경Scènes de la vie de bohème》에서 보헤미안은 일정한 직업이 없는 자유분방한 예술가라 하였는데, 명동 다방의 문화 예술인들의 모습도 이와 비슷했다. 힘겨운 현실을 비판하며 예술에 대한 갈증을 토로하던 가난한 문화 예술인들은 명동 다방을 해방구 삼아 불안과 절망을 털어놓고, 중절모를 쓰고 파이프를 입에 문 채 술에 찌든 모습으로 명동 거리를 배회하곤 했다. 이들은 파

1954년경 모나리자다방 앞(출처: 서울생활사박물관)

리의 보헤미안 예술가처럼 부르주아와 구별되는 스타일을 보여 주었는데47 트렌치 코트, 중절모, 파이프가 상징적인 아이템이었다. 대표적으로 박인환은 끼니조차 채우기 어려울 정도로 가난했지만 미군 담요를 얻어다 밤새워 재단해 트렌치 코트를 만들어 입고 머플러를 휘날리며 시를 읊었다고 한다. 박인환 스타일로 대변되는 명동 보헤미안의 스타일은 젊은 예술가들을 비롯해 많은 남성이 따라 했다. 1954년경 모나리자 다방 앞에서 촬영한 백영수와 이봉구를 포함한 문화 예술계 인사들의 모습에서도 당시 명동의 보헤미안 스타일을 엿볼 수 있다.

이후 문화 예술인들의 활동 근거지였던 명동의 국립극장이 장충단으로 옮겨가고, 명동 상권이 변화되면서 가난한 이들을 위한 값싼 술집과 다방은 서린동, 무교동, 청진동으로 옮겨가게 되었다. 이렇게 문화 예술인들이 하나둘씩 명동을 떠나면서 1950~1960년대 황금기를 맞이했던 명동의 다방은 줄어들기 시작했다.

장발에 청바지를 입고
통기타를 둘러맨 거리의 청년들

가난한 예술인의 해방구이자 각 분야의 등용문으로 한때를 풍미했던 명동 다방들은 1960년대 말부터 일명 한국식 히피들로 채워지기 시작했다. 이들은 광복 이후 출생한 미국식 교육을 받은 청년들로 청년 문화의 요람이었던 1970년대 명동 통기타 거리를 휩쓸었다. 통기타 거리는 현재 명동8길에 해당하는 명동중앙로다. 그곳엔 통기타 라이브 음악 살롱이 밀집해 있었다. 장발에 청바지를 입고 통기타를 맨 젊은이들은 이곳에 모여 생맥주를 마시며 음악과 낭만을 즐겼다. 당시 젊은이들의 우상이었던 소설가 최인호는 이러한 청년들의 문화를 두고 '청년문화靑年文化 선언'이라는 글에서 다음과 같이 주장한 바 있다.

"청년 문화는 침묵의 다수로부터 위로 올라가는 상향식 문화이다. 고전, 권위, 위선 그리고 남녀차별이 만연한 우리 사회에 이를 인정하지 않으려는 청년 문화가 태동하고 있다."

〈한국일보 1974년 4월 24일자〉

이 시기 청년들은 영국에서 출발한 펑크 문화와 미국의 히피 문화의 영향을 받았다. 라이브 통기타 다방 '쉘부르'는 이러한 청년 문화를 대표한 곳으로 유명했다. 쉘부르는 명동중앙로의 제일백화점(구 코리아나 백화점, 현재 엠플라자)이 위치한 골목길에 자리를 잡았다. 쉘부르가 있던 골목길은 기성제화 업체인 케리부룩과 에스콰이어, 명동에서 가장 큰 규모의 송옥양장점 그리고 록 음악을 들을 수 있었던 레드 옥스Red Oxe까지 명동의 명소들이 모여 있던 중심 거리였다. 쉘부르는 명동의 패션 거리에 위치하면서 1970년대 청년 문화 스타일 확립에 큰 역할을 했던 통기타 문화의 중심에 있었다.

이 시대 통기타 거리의 청년들은 '팝송 세대'로 장발, 청바지, 통기타, 생맥주로 대표되었다. 이 시기 청년들은 기성세대와는 다른 새로운 문화를 찾았는데 특히 포크folk는 그들의 욕구를 충족시키는 데 한몫 했다. 더욱이 컬러 TV의 보급으로 청년 문화의 주축에 있었던 대중매체 속 뮤지션들의 스타일은 하나의 기호로 작용했다. 통기타 문화의 전성기를 연 가수들은 명동 라이브 살롱을 주축으로 젊은 계층에게 큰 인기를 끌었다. 통기타 문화는 청년들을 중심으로 확산되고 재생산되며 1970년대 일종의 하위문화를 형성했다. 이는 새로운 형태의 청년 문화로서 급변하는 사회 속에서 지배 문화와의 격렬한 문화적 갈등에 수반된 현상이었다. 이로써 기성세대에 대한 반발과 저항이 특정 집단의 스타일로서 표상되었다. 청년들은 스타일을 통해 주류 스타일과 구분 지으며 자신들의 정체성을 드러냈다.[48] 통기타 음악인들을 중심으로한 히피 스타일은 하나의 상징으로서 청년 패션 트렌드를 주도했다. 장발, 청바지, 핫팬츠, 미니스커트, 통굽 신발, 빅 숄더백, 레이어드 니트 등을 크게 유행시켰다. 청바지가 대중화된 것도 이 시기다.

이러한 청년 문화는 기성세대의 문화에 대항하는 저급하고 퇴폐적이고 부정적인 것으로 간주되어 비난의 대상이 되기도 했다. 청년들에 대한 곱지 않은 시선은 신문에도 등장했다. 1974년 〈주간조선〉은 '마시고 퉁기는게 청년 문화인가'라는 기사에서 청년 문화를 탐탁지 않게 바라보았다.

"청바지 한 벌에 2,500원에서 4,000원, 맥주는 530원, 통기타는 2,000원에서 3,000원…. 한창 공부할 나이의 학생들이 작업복이 아닌 유행복으로서 청바지나 맞춰 입고 통기타나 두드리고 생맥주나 퍼마시면서 이것이 소위 청년 문화라고 내세운다면 심각한 문제가 아닐 수 없다."

〈주간조선 1974년 5월 26일자〉

1972년 10월 유신 정권 직후부터 이들을 향한 단속이 강화되었

1976년 장발 단속을 위한 첫 반상회(출처: 서울기록원)

다. 특히 청년 문화 스타일 표상인 장발과 미니스커트는 풍기문란
이라는 명목으로 단속의 대상이었다. 장발의 청년들은 경찰을 피
해 다녔고, 발견되면 검거되어 길거리에서 즉시 머리카락이 잘리
기도 했다. 미니스커트 역시 무릎으로부터 20센티미터 이상 올라

간 것은 입지 못하도록 경찰들이 자를 들고 다니면서 단속했다. 이러한 대치는 명동2가 53번지 패션 골목에 있었던 심지다방에서 두드러졌다. 심지다방은 정치인, 가수와 배우, 교수, 지식인 등 다양한 사회 계층의 사람이 음악을 즐기는 살롱으로 유명했다. 음악 소리가 퍼지는 넓은 다방의 구석구석에는 자욱한 담배 연기와 함께 대마초를 피우며 넋을 잃고 앉아있거나 심지어 누워있는 장발의 청년들도 자주 볼 수 있었다고 한다. 이에 심지다방은 마리화나와 음란 및 퇴폐 행위를 이유로 폐쇄되었다. 이후 1975년 대마초 파동을 겪으면서 명동 통기타 거리의 청년 문화는 막을 내리게 되었다. 1975년, 인기 가수들이 대마초 흡입 혐의로 대거 구속된 사건이다. 50여 명의 가수, 연주자, 작곡가 등 음악인이 구속되었는데 석방 후에도 활동이 금지되었다. 이 사건으로 인해 대중음악이 활기를 잃었다.

이처럼 저항적이고 반항적인 행동 양식을 수반한 청년세대의 스타일은 비난과 규제의 대상이 되기도 했다. 그러나 이들의 새로운 감각은 청바지와 캐주얼 의류가 보편화되는 계기를 마련하는 등 기성세대를 포함한 대중의 일상복을 변화시켰다. 대중은 명동 통기타 거리의 젊은 세대의 스타일을 수용했다. 이들의 스타일은 대중화 및 상업화되어 기성복 패션 시스템 확립에 커다란 영향을 주었다. 즉 명동 거리에서 출발한 청년들의 스타일은 하위문화가 주류 문화에 확장되는 상향 전파의 양상을 보여 주었다. 이는 스트리트 패션이 유행을 주도하는 새로운 패션 문화를 정착시키는 데에 일조했다.

그때 그 시절, 명동 바닥을 휩쓴 나팔바지

1970년대 통기타 문화에서 출발한 캐주얼한 청년 스타일은 기성복 패션 산업의 시스템이 확립되면서 그 유행이 확산했다. 1970년대 중반까지는 명동 등지의 양장점을 중심으로 고가의 맞춤 양장이 주를 이루었고 기성복은 주로 남대문과 동대문 시장에서 제작하는 저가 상품으로 인식되었다. 그러나 반도패션(현재 LF기업), 코오롱, 제일모직, 경방 등의 대기업이 기성복 내셔널 브랜드를 출시하고, 비슷한 시기에 해외 기성복 브랜드가 명동에 문을 열면서 기성복에 대한 대중의 인식은 점차 변화하기 시작했다. 당시 출시한 기성복 브랜드로는 톰보이, 골덴니트, 댄디, 라보떼, 맥그리거, 제노바, 모어, 벨라 등이 있다. 더욱이 이 시기에는 국내 섬유 패션 산업의 성장을 바탕으로 의류의 대량 생산이 이루어져 중고가 기성복 시장이 형성되었고, 1975년에 이르러서는 성인의 54퍼센트가 기성복을 착용하게 되었다.[49] 이를 통해 청바지 및 티셔츠와 같은 젊은이들의 패션 아이템이 대중화되었다. 청년층의 상징이었던 의류 아이템이 어느덧 모두에게 인기 있는 아이템으로 주류화되는 양상이 나타났다.

이처럼 일상복에도 변화가 나타났는데, 가장 두드러진 스타일은 청년들의 캐주얼 스타일에서 비롯된 유니섹스unisex다. 이는 여성의 교육 및 사회 참여도가 높아짐에 따라 여성성에 대한 새로운 가치와 태도가 반영된 결과로 볼 수 있다. 이에 남성의 전유물로 여겨졌던 팬츠가 여성복에 등장했다. 국내에서는 1970년대 말에 유행하기 시작한 팬츠와 유니섹스 스타일이 세계 주요 패션 도시에서는 1960년대 후반에 등장하였으니 국내 유행 시기가 다소 늦었지만, 우리나라 패션이 점차 글로벌 트렌드에 발을 맞추기 시작한 것을 알 수 있다.

이 가운데 명동 거리에서는 미니스커트에 이어 일명 나팔바지가 대유행했다. 나팔바지는 밑단으로 갈수록 폭이 넓어지는 바지로 종 모양과 닮아 벨 보텀bell bottom이라고도 하는데, 국내에서는 프랑스어로 긴 바지를 뜻하는 판탈롱pantalon이 잘못 적용되어 '판탈롱 바지'라고도 불렸다. 나팔바지의 유행은 비슷한 시기 다른 어떤 아이템보다 사회적으로 큰 이슈였다. 여성의 남성 복식 차용은 남성 위주의 사회 구조에서 남녀평등 의식, 여성의 사회 진출과 같은 이념의 변화를 담았기 때문이다. 이에 일부 가부장적인 남성들은 여성의 바지 착용에 반대하기도 했다. 그러나 젊은 남녀

1960년 3월 서울 시내 한국상업은행 앞 거리와 시내버스(출처: 한국저작권위원회).

의 나팔바지에 대한 선호는 점점 더 높아져 크게 유행했고, 바지 폭은 무려 70센티미터까지 넓어졌다. 당시 명동 바닥에는 청소부 가 필요 없다고 말할 정도로 남녀노소가 통이 넓은 나팔바지를 입 고 명동 거리를 활보했다.[50]

1970년대 청년 문화를 필두로 명동 거리에서 탄생한 스트리트 패션문화는 대기업 기성복 브랜드의 성장과 국내 패션의 세계화 와 함께 점차 주류 패션으로 확산되었다. 캐주얼 스타일의 기성복 이 주류가 되고 1970년대 초 명동에 밀집해 있던 양장점과 부티크 가 점차 강남으로 이전하면서 명동은 과거와 다른 모습의 패션 디스트릭트로 변화했다. 청년 스타일의 대중화가 명동의 거리에 변화를 불러온 것이다. 고가의 맞춤 양장점 대신 중저가의 스트리트 브랜드가 들어서고, 10대부터 70대에 이르는 다양한 연령대의 공간에서 10~20대 젊은이들의 거리로 바뀌었다. 여기에 더해 2000년대 초반 K-드라마와 K-팝을 비롯한 K-컬처의 열풍이 일어나면서 명동에는 중저가 브랜드 쇼핑과 한류를 경험하기 위해 외래 관광객이 모였다. 명동은 관광 쇼핑 명소가 되었다. 이렇게 명동은 청년 스타일의 대중화를 계기로 하여 오늘날 패션 디스트릭트로서의 모습을 갖추었다.

쇼핑
투어리즘

패션 디스트릭트로서 명동은 시대적 변화를 겪으며 형성되었다. 조선 시대에 남촌 혹은 명례방이라고 불렸던 명동은 유난히 질척거리는 지세地勢 탓에 사람들의 출입이 거의 없었고 남산골의 백면서생白面書生이나 몰락한 양반들이 주로 거주하였던 곳이다. 1882년 임오군란 이후 명동은 일본인에 의해 커다란 변화를 겪었다. 일본은 지금의 충무로와 명동 일대인 진고개를 독점적 거류지로 정해 일본 혹은 본국을 의미하는 뜻으로 본정통이라 불렀다. 당시 모든 정치·경제·문화적 기능은 본정통 중심으로 형성되었다. 고립되었던 명동은 일본에 의해 쇼핑과 유흥의 공간으로 탈바꿈되었다. 이러한 명동의 장소성은 1950~1960년대에도 이어졌다. 특히 이곳은 젠더화된 소비의 장소였다. 당시 여성의

1953년 서울 명동성당이 보이는 거리
(출처: 한국저작권위원회).

교육 기회 및 사회 진출이 확대되면서 여성이 새로운 소비 주체로 등장했다. 명동은 여성이 남성 위주의 사회 구조 속에서 변화하는 사고 방식과 태도를 표출하는 장소였다. 이어 1993년에 명동이 관광특구로 지정되면서 내국인뿐 아니라 외국인 관광객까지 유치하는 서울의 쇼핑 문화를 대표하는 지역으로 자리했다. 이렇듯 명동은 우리나라 역사와 함께 변화를 거듭하면서 약 100년이 넘는 기간 동안 쇼핑의 장소로 인정받고 있다.

하지만 오늘날의 명동은 외국인 관광객을 위한 쇼핑의 장소로만 간주되는 경향이 있다. 명동은 일본인들을 위한 지역으로 집중

1971년 신세계백화점 내부(출처: 한국저작권위원회).

적으로 개발된 가슴 아픈 역사를 품고 있는 동시에 문화사적 측면에서 우리나라의 문화 예술과 최신 유행을 주도한 지역이다. 이에 본 절에서는 우리나라의 역동적인 근현대 패션 문화를 대표하며 오랫동안 쇼핑의 장소로 자리매김한 명동을 쇼핑 투어리즘의 개념을 통해 조명하고자 한다.

타자의 공간으로 탄생한 근대적 쇼핑의 장소

전국 최고의 상권이자 가장 많은 외국인 관광객이 방문한 쇼핑지로 알려진 명동의 장소성은 일제 강점기 일본인들이 새겨 놓은 본정통에서 출발한다. 일본이 본정통 일대를 거점으로 상권을 개발하면서 명동은 일본인을 위한 근대적 소비 공간으로 부상하게 되었다. 변화된 명동은 조선인에게는 차별을 경험하게 하는 공간이었다. 1926년 일제 강점기에 창간한 잡지《별건곤別乾坤》에 실린 1929년 9월 27일자 23호 기사에서는 당시의 본정통을 다음과 같이 묘사했다.

"진고개泥峴라고 하면 누구나 다 아는 것이다⋯. 량반들의 턴디이엇다. 그러든 곳이⋯ 일본日本 령사관領事館이 지금 왜성대倭城臺로 옴기게 되며 이것을 중심으로 그 일대를 일본인

거류지日本人居留地로 허하게 되엿다. 그러케 되니 차차 검은 옷 입고 쑥대가리들이 작고 이 남촌 일대를 침범하면서부터 슬슬 몰려 나가는 것이 량반이엿다.

…… 진고개!는 지금은 조선의 상권商權을 독차지한 곳이다…. 조선 사람의 손님을 끌어 들이기로 데일인 대백화 덤인 평던상덤平田商店, 대자본大資本을 가지고 조선 전도 상게를 풍비하랴는 삼월왕국三越王國의 적은집인 삼월오복덤을 비롯하야 좌우로 총총히 들어슨 일본인의 상덤, 들어서 보면 휘황찬란하고 으리으리하며 풍성풍성한 품이 실로 조선 사람들이 몃백년을 두고 맨드러 노앗다는 복촌 일대에 비하야 얼마나 장한지 견주어 말할 배 못된다."

<별건곤 제23호(1929년 9월27일) 기사 '진고개, 서울맛, 서울情調'>

윗글은 일본이 종로와 북촌 일대에 형성되었던 경성부의 중심을 본정통으로 옮겼다는 사실을 안타까워하고 있다. 남촌, 즉 명동은 조선인이 주로 거주하고 상권을 주도했던 북촌과는 달리 문명화되었으며 조선인은 이에 대해 위화감을 느꼈다. 일본인을 위한 명동의 문명화는 조선인이 피지배층으로서 차별을 인식하고 열등의식을 느끼도록 하는 식민 이데올로기를 반영하고 있다.[51]

1920년대에 본정의 일본 상점들은 조선인들도 적극적으로 끌

The Street of Hommachi 2-chome, Keijo.
日丁二町本（那名城京）

경성 명소 혼마치 2정목(출처: 한국저작권위원회).

어들였다. 1930년
대에 접어들면서는
미츠코시 백화점(현
재 신세계 백화점), 미
나카이 백화점, 히
라다 백화점, 조지
아 백화점(현재 롯데
백화점 영플라자) 같은
대형 백화점이 신
축 및 증축을 하면
서 쇼핑 거리를 형
성했다. 미츠코시
백화점은 상류 계
층의 일본인과 조선

인이 주로 이용하였고, 미나카이 백화점은 일본 상품을 전문적으
로 판매하는 백화점으로 중상층 일본인들이 주된 고객이었다. 히
라다 백화점은 중상류층의 일본인과 조선인에게 조지아 백화점
은 다른 백화점들에 비해 저렴한 상품을 판매하여 중류층 조선인
들에게 인기가 많았다. 당시 4대 백화점 중 조지아 백화점을 제외
한 세 곳이 모두 본정에 있었다. 명동은 조선의 유행과 상권을 주

름잡는 근대적
인 상업 지역으
로서, 쇼핑과 유
흥을 즐기고 신
기하고 낯선 외
래문화를 경험
할 수 있는 장소

1976년 명동 전경(출처: 한국저작권위원회).

였다. 조선인들
은 이를 구경하기 위해 명동에 드나들었다. 그러나 본정의 백화점
과 상점에서 고급스러운 물건을 구매할 수 있는 계층은 일부에 지
나지 않아 명동은 조선인들이 차별과 열등의식을 느끼는 식민지
적 타자화의 소비 장소였다.

젠더화된 쇼핑의 장소

일제 강점기 쇼핑의 중심지였던 본정과 명치정은
6.25 전쟁 이후 황폐해진 서울에서 가장 빠르게 상권을 회복하며
다른 지역과 차별화된 모습을 보였다. 1954년 문을 연 미도파 백
화점(현재 롯데 백화점 영프라자)에서 스카라 극장(현재 아시아미디어타워)
으로 이어지는 명동 거리는 당시 서울의 유일한 산책로이자 스타

일의 거리였다. 명동 골목길에는 가장 큰 규모의 송옥양장점을 필두로 피난지에서 돌아온 양장점들이 양쪽으로 들어서며 양장점 거리를 형성하였고, 그 주변으로 미용실, 다방, 제과점, 식당 등 주로 여성 손님을 대상으로 하는 상점들이 들어섰다. 명동은 점차 여성을 위한 장소가 되었다.

당시 여성들에게 명동은 쇼핑의 장소 그 이상이었다. 친구들과 함께 양장점에서 최신 유행 스타일의 양장을 맞춰 입고, 미용실에서는 잡지에 나오는 헤어 스타일을 따라하는 등 여성들이 새로운 정체성을 형성하는 곳이었다. 1970~1980년대는 경제, 정치, 사회, 문화면에서 급격한 변화가 있던 시기였다. 특히 1980년대는 여성 인권 운동이 가속화하며 사회적으로 여성의 활동이 확대됨에 따라 여성이 소비 주체로 등장했다. 물론, 당시의 보수적인 사회 분위기로 인해 전통적인 여성상이 공존하였지만, 명동은 진취적인 여성들이 새로운 여성상을 표현하는 공간이었다. 당시 직장 여성들의 주된 여가 활동은 다방, 쇼핑 거리, 강습학원이 있었는데,[52] 이러한 활동이 주로 명동에서 이루어진 것으로 보아 명동은 여성을 통해 변화된 소비 문화를 형성했다고 볼 수 있다. 특히 다방은 문화 예술인들이 모이는 집결지의 기능도 했지만, 여성들이 만나 케이크를 먹고 차를 마시며 음악을 듣고 문학을 토론하는 장소이기도 했다. 노천명, 천경자, 박경리, 손소희 등 다양한 문화 예술

분야에 종사하는 여성들부터 여대생까지 명동의 다방을 찾았다.

여성을 대상으로 하는 상권이 형성됨에 따라 명동의 여성 노동력 수요 역시 증가했다. 특히 명동의 양장점과 미장원은 여성들이 기술을 배우고 독립적인 소비 주체가 될 기회를 제공했다. 더욱이 양장점의 디자이너와 미장원의 미용사는 여성잡지와 신문을 통해 여성들의 적극적인 사회 참여를 장려하곤 했다. 패션 리더로서 유행의 선두에 있으면서 경제적으로 독립된 여성의 모습을 보여 주는 이들은 당시 여성들에게 선망의 대상이었다. 이에 디자이너와 미용사들이 학원을 운영하며 학생을 모집하고 관련 기술자를 채용하는 것은 그 자체로 홍보 거리가 되었다. 명동에는 점점 더 많은 여성이 모여들었고 명동은 젠더화된 패션 소비 장소로 재탄생했다.

쇼핑 투어리즘

명동을 비롯한 전 세계 도시의 패션 디스트릭트는 패션 소비와 밀접한 연관이 있다. 패션 디스트릭트를 소비의 개념으로만 해석할 수는 없지만, 소비를 제외하고 설명할 수도 없다. 더욱이 명동은 약 100년 동안 쇼핑 공간으로서의 장소성을 이어 온 지역으로 서울의 다른 지역과 차별화된다. 쇼핑은 투어리즘에서 관광객이 관광할 도시를 선택하는 데 영향을 미치는 요소이자 방문 동기를 불러일으키는 요인이다.

2000년대 이후 K-패션을 포함해 K-컬처를 경험하기 위해 서울을 방문하는 외국인 관광객이 매해 증가하고 있다. 한류에 관한 관심과 호기심이 서울 방문의 욕구로 전환되고 있다. 한국관광공사에 따르면 2023년 9월 기준 한국을 방문한 외국인 관광객이 무려 546만 명에 달했다. 이 가운데 명동은 서울 중에서도 가장 많은 외국인 관광객이 찾는 지역이자 최대 소비 장소로 꼽혔다. 명동을 찾는 외국인 관광객에게 쇼핑의 경험은 중요한 요소라는 점에서 명동을 쇼핑 투어리즘의 개념으로 살펴볼 필요가 있다.

외국인 관광객의 쇼핑은 높은 경제 효과를 갖고 있어 도시 경제는 물론 국가 경제에 끼치는 영향력이 매우 크다. 영국 정부는 1977년에 문화를 통해 새로운 부가가치를 비롯하여 경제적 가치와 고용을 창출하고자 창조 산업creative industry이라는 개념을 정립했다. 창조 산업에서 문화의 범위는 패션, 디자인, 공예 등을 포함하며 이러한 창조 산업의 문화 요소는 산업 전반에 적용되어 경제적 파급 효과를 극대화하는 패러다임을 형성한다.**53** 이러한 맥락에서 영국 정부의 문화미디어스포츠부서Department of Culture, Media and Sport는 패션과 패션 디자이너가 창조 산업에 속하므로 패션 산업에서 확장된 쇼핑shopping과 투어리즘tourism이 합쳐진 쇼핑 투어리즘shopping tourism 역시 창조 산업으로 분류될 수 있다고 했다. 이는 다양한 일자리 창출은 물론 더 많은 관광객을 도시에 방문하도록 장려하여 도시의 이미지 제고와 부의 창출에 긍정적인 영향을 끼친다. 쇼핑 투어리즘은 패션, 창조, 문화, 쇼핑, 도시, 투어리즘의 개념이 함께 어우러진 시장의 틈새 영역이다.

쇼핑 투어리즘은 종종 패션 투어리즘fashion tourism과 함께 사용된다. 패션 투어리즘이 패션을 경험하고 소비하고 즐기기 위해 특정 도시를 방문하는 관광객에 의한 현상을 말한다면, 쇼핑에 초점을 둔 쇼핑 투어리즘은 소비에 목적을 둔 관광객이 특정 도시에서 겪는 모든 현상을 아우른다고 할 수 있다.[54] 패션 투어리즘의 구성 요소로 숙박 시설, 음식, 패션 스쿨, 박물관, 백화점, 쇼핑몰, 아웃렛, 패션 위크, 패션 축제, 민속 복식, 기념품 등을 꼽을 수 있다.[55] 관광객 유치 및 소비 장려를 위해 최근 쇼핑 투어리즘의 중요성이 높아지면서 자국의 패션 문화를 상징적 자본으로 활용하는 사례가 늘고 있다. 가령, 주요 패션 중심지는 아닌 덴마크, 스웨덴, 노르웨이 같은 국가들이 자국의 패션 산업을 이용해 도시를 매력적으로 보이게 만들어 관광객을 유치하고자 한다.[56]

1970년대 이후 강남이 본격적으로 개발되면서 명동에 자리했던 1세대 패션 디자이너 양장점이 강남으로 이전하고, 그 자리를 외국인 관광객 대상의 중저가 패션 및 화장품 브랜드가 채웠다.

문화, 취향, 생산의 집적지로서 기능하며 시대의 유행을 주도한 명동의 상징적 이미지는 잊혔다. 오늘날의 명동은 오랜 문화의 흔적을 간직한 패션 디스트릭트보다는 외국인 관광객 대상의 쇼핑지로 인식된다. 그러나 명동은 다양한 패션 문화를 지닌 장소다. 일본인을 위한 쇼핑의 장소로 탄생하여 여성을 중심으로 하는 새로운 소비 공간으로 부상했다. 패션 리더가 유행을 이끌고 청년과 예술인이 고유한 문화를 펼치는 온상이었으며, 계급을 넘나들며 확산하는 스타일의 전파를 볼 수 있는 장이었다. 우리나라의 문화적 영향력과 함께 서울에 관한 관심이 높아지는 지금 쇼핑 투어리즘을 비롯한 폭넓은 사회문화적 시각에서 명동을 바라볼 필요가 있다. 명동은 우리나라의 풍부한 근현대 패션 문화가 담긴 장소로서 문화적 잠재력을 갖춘 패션 디스트릭트다.

4

이태원

패션을 통해 다양성의 장소로

이태원이라는 지명의 유래에 대해서는 다양한 주장이 있다. 하나는 배밭이 많은 지역이어서 배나무 이梨와 역원驛院의 역에서 이태원梨泰院이 되었다는 설이고, 또 하나는 일본군에게 성폭행을 당한 여성들과 그 여성들이 낳은 아이들 그리고 일본에 돌아가지 못한 일본군이 모여 사는 동네라는 의미로 이타인異他人이라는 단어에서 이태원異胎院으로 유래되었다는 설이다. 이외에도 이태원이라는 지명에 대한 여러 유래가 존재하는데 이태원의 장소성이 언제부터 형성되었는지는 정확하지 않다. 이 책에서는 이러한 논쟁은 차치하고, 다양한 문화가 공존하는 이태원의 역사를 패션의 관점으로 찾아가려고 한다.

'기지촌', '미군 유흥가', '외국인 거주지', '클럽', '성소수자', 'XXL 사이즈 옷' 등의 이태원에 대한 표현에서 알 수 있듯이 이태원은 하나의 특징으로 설명할 수 없는 지역이다. 이태원은 서울의 어떤 지역보다 더 다양하고 복합적인 사회문화적 층위가 존재하는 곳이다. 이러한 특징은 6.25 전쟁 이후 용산에 미군이 주둔하면서 생기기 시작했다. 1957년부터 미군의 외박과 외출이 허용되면서 이태원에는 미군을 대상으로 하는 유흥가부터 양복점, 미용실, 신발 가게 등의 쇼핑 상권이 형성되었다. 이렇게 이태원은 미국 문화를 필두로 점차 다양한 계층, 인종, 국적의 문화가 공존하는 지역이 되었다. 이태원의 미국식 클럽들은 미국 문화 유입의 통로로서 1세대 K-팝 스타들과 함께 새로운 스타일을 발생시켰고, 클럽 문화라는 새로운 문화를 거점으로 클러버clubber 스타일을 창조했다. 아울러 외국인, 성소수자, 기지촌 사람들을 비롯한 수많은 이주민이 이국의 문화를 생산, 유통, 소비하면서 이태원만의 특수한 장소성이 만들어졌다.

이 장에서는 오랫동안 외지인의 구역으로 간주되어 온 이태원을 미국 문화 유입의 통로이자 클러버 스타일의 발생지 그리고 이국성을 기반으로 발달한 패션 관광 디스트릭트, 마지막으로 사회문화적 다양성을 대표하는 지역으로서 이야기한다.

아메리칸 스타일의 통로,
클러버 패션

　　광복 이후 미군이 용산 일대에 주둔하면서 이태원에
는 미군을 고객으로 하는 유흥가와 클럽, 옷 가게를 포함한 다양
한 상권이 형성되기 시작했다. 이태원은 점차 미국 문화를 소비하
는 장소로 변화하여 '서울 속의 작은 미국'이라 불렸다. 미군을 위
한 큰 옷과 신발을 파는 가게를 비롯해 재즈 바부터 로큰롤rock and
roll, 디스코disco, 테크노techno, 힙합 등 다양한 '미국식' 대중음악을
즐기는 클럽이 등장했다. 미군을 대상으로 형성된 이태원 클럽은
당시 미국 문화를 소비하고 향유할 수 있는 유일한 공간이었고 미
국 문화가 가장 먼저 유입되는 통로였다. 젊은이들은 이곳에서 끊
임없이 다양한 패션 문화를 창출했다.

　　이태원 클럽의 역사는 6.25전쟁 직후 1950년대 중반부터 미군
부대 주위에 우후죽순으로 생겨난 라이브 뮤직 클럽과 함께 시작
되었다. 이 클럽들은 한국인 공연단이 미군을 대상으로 펼치는 다
양한 라이브 퍼포먼스 위주로 운영이 되었는데, 당시 이곳에서 성
장한 킴 시스터즈The Kim Sisters는 미국에 진출하여 에드 설리반쇼
Ed Sullivan Show에 정기적으로 출연하는 등 미국에서 큰 인기를 끌
었다. 그리고 이들이 사실상 미국 진출에 성공한 최초의 한국 가

The Kim Sisters((Circa. 1956)-Pfc. Jack Tobin and Douglas Price))

수라고 볼 수 있다.

이태원 클럽은 '미드나이트 레볼루션midnight revolution', 일명 '밤 문화'라는 집단적 청년 문화를 탄생시켰다. 그 계기가 된 것은 '고고 클럽'이었다. 고고 클럽은 당시 유행하던 통기타 가수들에 비해 대중에게 큰 인기를 끌지 못했던 그룹사운드의 음악을 들을 수 있는 곳이었다. 그룹사운드는 1970년 정부의 퇴폐풍조 단속이 시작된 이후 클럽에서 철수하는 양상을 보였으나, 1971년에는 고고 클럽이라는 공간에서 청년들에게 엄청난 인기를 얻었다. 이는 청년층을 중심으로 음악과 함께 자유롭고 실험적인 클럽 문화가 정착되는 계기가 되었다. 이후 이태원을 중심으로 한 클럽 문화는 우리나라 대중음악의 성장과 함께 점차 확산되며 젊은 세대의 스타일을 창조했다. 즉 이태원의 클럽 문화는 그 시대에 유행했던 음악은 물론 청년 문화를 반영한 새로운 스타일의 발상지였다.

'고고 클럽'의 유행을 타고 디스코 열풍으로

1970년대 명동에 청바지를 입고 통기타를 맨 채 생맥주를 즐기는 명문대생 젊은이가 있었다면 이태원에는 고고 클럽에서 춤을 추며 밤 문화를 즐기는 엘리트 젊은이가 있었다. 이 시기 이태원에서 미국 문화를 선호하는 젊은이들은 클럽에서 흘러나오는 영어 가사 음악을 이해할 수 있는 특권층 엘리트였다. 동시에 정부의 통제에 저항적인 태도를 보이는 청년들이었다. 여기서 당시 야간 통행금지와 퇴폐풍조 단속이 있었음을 상기할 필요가 있다. 통행금지 정책은 1945년 9월 미군정이 실시된 이후부터 시행되었는데, 이는 1982년까지 이어져 30년이 넘는 기간 동안 자정부터 새벽 4시 사이의 통행을 금지했다. 1970년 8월부터는 퇴폐풍조 단속을 목적으로 남성의 장발과 여성의 미니스커트를 제한했다. 엘리트 청년들은 이러한 정부의 규제에 저항하며 이태원의 고고 클럽에서 새로운 청년 문화를 만들고 고고go-go 문화를 확산시켰다.

최초의 고고 클럽은 1964년 미국 캘리포니아에서 문을 연 '위스키 어 고고Whisky a Go Go'라고 알려져 있다. 우리나라에서는 1971년 명동에 닐바나Nirvana라는 최초의 고고 클럽이 문을 열었고, 이후 고고 클럽의 인기는 점차 이태원으로 이동했다. 당시 억압적인 사회 분위기 속에서 이태원은 일종의 치외법권 지대였다. 이곳은 젊은이들이 단속을 피해 밤새도록 클럽 문화를 즐기고 미국 문화를 누릴 수 있는 유흥의 장소로 적합했다. 이러한 배경으로 이태원의 고고 클럽은 젊은이들만이 즐기는 새로운 문화의 요람이 되었다.

이태원에 자리를 잡은 다양한 클럽은 로큰롤, 재즈, 디스코, 테크노 등 미국의 대중음악을 국내로 전파하는 통로이자 우리나라 고유의 정서와 결합하고 재해석하면서 새로운 하위문화를 형성하는 거점이었다. 클럽들은 클럽 문화club culture로서 음악뿐 아니라 패션, 예술, 디자인 등의 장르에 영감을 제공하고, 예술가와 디자이너들의 창작을 위한 플랫폼 역할을 했다.57 클럽 문화는 고고 클럽이 1980년대 디스코 클럽으로 변모하면서 더욱 확산했다.

디스코는 프랑스어 디스코테크discothèque에서 유래한 말로 춤추는 공간 혹은 춤추기 좋은 음악의 의미를 지녔다. 빠른 템포의 리듬과 댄스를 중심으로 하는 디스코 음악은 클럽에서 함께 춤을 추

클러버 스타일(The Too Far East Club (Circa. 1956)-Pfc. Jack Tobin and Douglas Price).

며 참여하는 문화로 연결되어 이 시기 젊은이들에게 큰 호응을 불
러일으켰다. 아울러 1977년에 영화 〈토요일 밤의 열기〉가 국내에
서 개봉되면서 디스코 클럽 문화는 전국적으로 퍼져 선풍적인 인
기를 끌었다. 당시 거리에서는 영화 속 주인공의 클럽 스타일을
모방한 사람들을 흔하게 볼 수 있었다. 클러버 스타일이 주류로
확산한 것이다.

　디스코의 유행으로 이태원의 고고 클럽들은 간판을 디스코 클
럽으로 바꾸고, 밴드 대신 DJ를 고용하여 DJ 중심의 클럽 문화로
나아가기 시작했다. 디스코는 춤추기에 적합한 음악이다. 음악에

더해 춤에 어울리는 의복, 헤어, 액세서리 등도 함께 유행했다. 젊은이들은 디스코 클럽에 들어가기 위해 일명 디스코 클럽 룩을 착장해야 했다. 남성들은 광택 소재의 몸에 붙는 나팔바지와 가슴까지 단추를 풀어헤친 폴리에스터 셔츠, 번쩍거리는 흰색 수트를 입고, 에나멜 가죽으로 만든 높은 굽의 구두, 금 액세서리를 착용했다. 여성들은 목과 등이 깊게 파인 시퀸스 소재의 원피스 드레스, 스틸레토 힐, 반짝이는 장식의 가방, 금사로 만든 장갑 등을 주로 활용했다. 가장 중요한 것은 춤을 추는 동안 클럽 내의 화려한 미러볼과 스포트라이트가 의복의 빛을 반사하여 영화 속 주인공처럼 보이는 것이었다. 클럽 문화에 참여해 비슷한 취향을 공유하는 클러버들이 클럽에 적합한 드레스 코드를 만들어낸 것이다. 이 코드에 맞지 않는 의복을 착용한 손님은 입장이 제한되기도 했다.

디스코 클럽 문화의 확산에는 10대의 영향도 컸다. 20대를 중심으로 확산되었던 통기타 문화나 고고 문화와 달리 디스코는 10대라는 새로운 수요층을 등장시켰다. 1970년대는 경제 발전으로 가정의 가처분소득이 증가하면서 10대들이 용돈으로 좋아하는 가수의 음반을 살 수 있었고 적극적으로 디스코 문화에 참여하며 자발적으로 팬클럽을 만들었다. 이에 따라 1970년대 말 디스코는 엄청난 규모의 수익을 창출하는 산업으로 성장하여 대중음악의 상업성을 강화했다. 즉 디스코 클럽에서 비롯된 디스코 문화는 대중

음악의 수용층으로 10대를 아우름으로써 1세대 K-팝이 탄생하게 되는 계기를 마련했다. 또한 고고 클럽에서 시작해 디스코 열풍을 일으킨 이태원의 디스코 클럽은 DJ 중심의 클럽으로 변화를 불러옴과 동시에 비주류였던 댄스 음악이 주류 대중음악에 편입되는 데 결정적 역할을 했다. 이는 비주류 스타일이 주류 패션으로 확장되는 발판을 마련했다는 점에서 의미가 크다.

문 나이트 클럽의 힙합 스타일

미국의 팝 문화와 클럽 문화 유입의 통로였던 이태원의 클럽은 우리나라 대중음악의 흐름과 패션 문화에 영향을 미쳤다. 특히 주목할 만한 변화는 1980년대 후반 10대를 중심으로 확산한 댄스 음악이 1990년대 힙합 음악으로 이어지며 힙합 스타일이 크게 유행했다는 것이다. 여기에는 이태원의 '문 나이트 클럽'의 영향이 컸다. 힙합 음악을 접할 수 있었던 댄스 클럽 문 나이트는 1세대 K-팝 스타들을 탄생시킨 곳으로 잘 알려져 있다. 당시 가수의 꿈을 키웠던 예비 뮤지션들은 문 나이트에서 춤꾼으로 활약하며 꿈을 키웠고, 이곳에서 캐스팅되어 연예계에 데뷔하는 경우도 많았다. 대표적으로 현진영, 듀스, 서태지와 아이들, 룰라, 클론 등이다. 이들은 문 나이트 클럽에서 힙합 문화를 즐기고 공유하면서 한국식 힙합 스타일을 탄생시켰고, 힙합 댄스 배틀 등 클럽의 문화적 코드를 만들며 힙합 스타일의 대중화에 주요한 영향을 끼쳤다.

이처럼 문 나이트 클럽은 실력 있는 뮤지션들이 경쟁하는 공간이자 대중가요계에 진출하는 기회의 장이기도 했다. 이는 미8군 부대의 부속 클럽과 부대 주변의 기지촌 클럽에서부터 시작되었다. 다시 말해 '미국화'된 이태원의 클럽들은 1950년대 중반부터 점차 확대되었는데, 그 수요가 높아짐에 따라 지역의 뮤지션을 필요로 했다. 당시 우리나라 뮤지션들에게 미군 클럽에서의 활동은 최고의 명예이자 부의 상징이었고 대중 매체 진출의 발판이었다. 이에 내로라하는 뮤지션들이 이태원 클럽에 모여들었고, 경쟁이 치열해지면서 뮤지션들을 미군 쇼 무대에 공급하는 용역업체가 탄생하기에 이르렀다. 오늘날의 연예 기획사 역할을 한 용역업체는 체계화된 시스템으로 뮤지션들을 교육하고 훈련하기 시작했다. 이러한 배경을 통해 이태원의 다양한 클럽들은 6.25 전쟁 이후부터 1990년대 초반까지 우리나라 대중음악과 그 주체인 기획사 및 가수에게 커다란 영향을 끼쳤다. 나아가 우리나라 패션의 흐름에도 영향을 주었다. 특히 문 나이트 클럽에서 탄생한 1세대 K-팝 스타들의 힙합 스타일은 대중문화의 수요층으로 새롭게 부상한 10대들의 자발적인 팬클럽 문화와 함께 상업화되면서 더욱 빠르게 확산했다.

　이태원에서 힙합 문화를 공유하는 젊은이들은 레게 머리에 오버사이즈의 컬러풀한 티셔츠, 통 넓은 바지, 벙거지 모자bucket hat, 헤어밴드, 큰 사이즈의 운동화와 은 목걸이 및 귀걸이 등을 착용했다. 그리고 떼지 않은 라벨 태그label tag, 마스크, 한쪽을 접어 올려 엉덩이에 걸쳐 입는 바지, 길게 늘어뜨린 벨트, 뒤집어쓴 모자 등 착용 방식과 형태에 구애받지 않는 스타일링을 통해 힙합의 자유롭고 저항적인 정신을 표현했다. 이러한 힙합 스타일은 1990년대 중후반 HOT, 젝스키스 같은 아이돌 그룹을 거치며 하나의 패션 문화를 형성했다. 패션으로서의 힙합 스타일은 허리 36인치 이상의 배기baggy 팬츠, 오버사이즈드 후드 티셔츠, 박스형 점퍼 등으로 '힙합은 오버사이즈'라는 공식을 만들어냈다. 당시 청소년들이 TV 속 가수의 힙합 옷차림을 적극적으로 수용하면서 거리에서 힙합 패션을 쉽게 볼 수 있었고, 후부Fubu를 포함한 힙합 의류 레이블이 등장하며 힙합 패션 열풍을 일으켰다. 요컨대 이태원 힙합 클럽에서 비롯된 클러버 스타일이 세계적인 힙합의 유행과 더불어 1990년대 국내 패션 트렌드를 주도한 것이라고 볼 수 있다.

고립된 이방인의 공간에서
패션 관광 디스트릭트로

이태원은 다양성을 상징하는 곳이라 할 수 있다. 각 계각층의 이방인과 성소수자의 보금자리로서 그들을 대상으로 하는 상권과 함께 성장했기 때문이다. 그러나 이러한 다양성이 항상 긍정적으로 받아들여진 것은 아니다. 이태원은 임진왜란 이후 전쟁 미망인의 동네로 자리 잡았다. 6.25 전쟁 후에는 미군과 성소수자의 동네로 변모했고, 1988년 서울 올림픽 전후로는 외국인 관광객의 쇼핑 장소가 되었으며, 2000년대 들어서는 외국인 노동자들과 중동 무슬림 및 아프리카 출신 이민자들이 유입되면서 세계 음식문화거리로 바뀌는 등 많은 변화를 겪었다. 이태원이 변화하는 동안 사람들은 이질적인 문화를 가진 이곳을 이국성exoticism이라는 렌즈를 통해 바라보았다. 이태원은 서울 내 존재하는 고립된 영역으로 간주되었다.

1970년대 생겨난 이태원의 의류 상권은 이태원을 향한 배타적인 시선과 그 경계를 허무는 데 중요한 역할을 했다. 양복, 신발, 셔츠, 가죽 잡화를 아우르는 맞춤 의류 상점들이 그 주역이었다.

이태원 의류 상권이 가져온 장소성의 변화

　　이국적인 지역으로 오랜 기간 소외되었던 이태원은 1970년대 의류 상권의 등장과 함께 내국인들이 출입하면서 뚜렷한 문화적 경계가 허물어지기 시작했다. 외국인을 대상으로 하는 의류 상점과 제조 공장이 늘어나자, 상점과 공장에서 일하는 내국인 주민이 유입되었다. 주로 이태원 시장 인근에 있었던 의류 상점들은 사업이 번창하자 대로변(이태원로)으로 확장하기 시작했다. 이때 의류 상점을 중심으로 기존의 유흥업소 외에도 다양하고 활력 있는 상권이 형성되었다. 1980년대 이태원 패션 투어리즘의 바탕이 되었던 '대로변 의류 상점, 뒷골목 제조 공장'이라는 구조가 형성되었던 것도 이 시기다. 이태원의 의류 상점은 대로변에 늘어서 있는데 제품은 주로 뒷골목에 위치한 테너먼트 공장에서 생산했다. 이렇게 생산과 판매가 집적되며 이태원은 패션 디스트릭트의 모습을 갖춰갔다. 이러한 이태원의 변화는 1970년대 교통의 발달, 남산 1호 및 2호 터널 개통, 부동산 개발 등 도시화 과정과 맞물려 빠르게 이루어졌다. 이처럼 이태원에 의류 상권이 유입된 계기는 이방인의 장소라는 이태원의 장소성이었다.

　　1970년대 초반, 부평과 동두천에 주둔해 있던 주한 미군 부대가 축소되며 오산과 용산 등 다른 지역의 부대로 합병되었다. 이때 부평과 동두천 미군 부대 주변에 있던 기지촌의 다양한 상권이 함께 이동했다. 용산에도 미군 부대와 인접한 이태원 재래시장 자리에 현대식 주상복합 아파트가 들어서면서 상권이 현

이태원 양복점(출처: 서울역사아카이브).

대화되기 시작했는데, 그때 의류 상권이 서서히 자리를 잡았다. 특히 외국인을 대상으로 하는 이태원의 의류 상권은 맞춤 양복과 잡화점 그리고 자수 상점이 주를 이뤘다. 이태원의 주민은 미군과 그들의 가족, 다양한 인종의 외교관 그리고 성소수자를 포함한 유흥업소 직원이라는 복합적인 계층의 주민으로 이루어졌다. 이태원에 다양한 취향과 체형을 충족하는 맞춤 의류 상권이 발달한 것은 자연스러운 현상이었다. 이방인의 장소라는 이태원의 특징은 이태원을 특수한 패션 디스트릭트로 만들었고 이태원의 의류 상인들은 이 장소성을 상업적으로 이용하며 재생산했다.[58] 그 대표적인 사례가 미군과 외국인 관광객을 대상으로 하는 맞춤 양복 및 잡화점이다.

이태원 의류 상권,
서울 패션 투어리즘의 중심이 되다

제2차 세계대전 이후, 이태원에는 대규모의 미군 부대가 주둔하며 용산 기지가 조성되었고, 미군과 그 가족들이 대거 유입되었다. 더불어 우리나라 정부의 장려하에 여러 외국 대사관이 주한 미군 사령부 주변에 정착하기 시작하면서 이태원에 거주하는 외국인이 늘어났다. 미군을 비롯한 외국인들에게는 우리나라 기성복이 몸에 맞지 않아 맞춤복과 '큰 옷'의 수요가 늘었고 이태원에는 자연스레 관련 업종이 성행했다. 이태원의 자수embroidery 상권도 미군복에 붙이는 이름표, 계급장, 부대 마크 등을 자수하며 형성되었다. 이 상점 중 일부는 '야구잠바' 또는 대학생들의 '학과 잠바'라고 불리는 바시티 재킷varsity jackets 자수를 중심으로 현재까지도 이어 오고 있다. '외국인촌'으로 인식되며 다소 폐쇄적인 성격을 띠었던 이태원의 이국성은 1970년대 외국인 관광객을 대상으로 한 의류 상점을 통해 친근하고 개방적인 이미지로 변화했다. 이태원이 패션 디스트릭트로서 성장하는 중추적인 역할을 담당한 것이다.

1970년대 초까지만 해도 이태원 내 의류 상점의 주 고객은 미군으로 국한되어 있었으며, 맞춤 양복점은 십여 개에 불과했다. 그러나 가격 경쟁력을 바탕으로 주요 고객층을 미군에서 외국인 관광객 그리고 국내 소비자까지 확장했다. 1980년대 중반에 들어서자 이태원 시장 내 상점의 수는 1000여 개가 넘었다. 그중 의류 상점이 600여 개였고, 양복점은 100여 개에 육박했다. 정부는 1988년 서울 올림픽을 준비하는 과정에서 이태원을 외국인 쇼핑 관광지로 지정 및 홍보하였고, 이태원의 맞춤 양복은 일본인을 비롯한 외국인 관광객과 주한 대사관 및 외국계 회사의 직원들 사이에서 인기를 끌며 전성기를 누렸다. 당시 이태원은 서울의 '패션 메카'로 알려지며, 외국인 관광객들로부터 '서울은 몰라도 이태원은 안다'라는 말이 나올 정도였다.**59** 이태원의 맞춤 의류 상점은 양복과 양장뿐만 아니라 셔츠, 가죽 소품, 구두 등 다양한 품목을 아울렀고, 가격 대비 높은 품질과 빠른 제작을 바탕으로 서울을 대표하는 쇼핑 관광 지역으로 거듭났다. 맞춤 의류 점포들이 곳곳에 들어선 이태원의 풍경은 외국인 관광객에게 패션 투어리즘의 장소였다.

당시 이태원에는 하루 평균 6000여 명의 외국인 관광객이 몰렸고, 한 의류 상점에서 하루 최대 3억 달러에 가까운 매출을 올리기도 했다.**60** 이태원 의류 상점들은 고객 대응을 위해 '세일즈'라는 판매원을 두었는데, 이들은 유창한 외국어를 바탕으로 이태원에 방문하는 다양한 외국인들과 친밀한 관계를 형성하며 이태원 의류 상권의 호황에 이바지했다. 의류 상권의 팽창과 함께 내국인 소비자의 유입도 지속해서 증가했다. 이는 이국성의 토착화 indigenization를 뜻하는 것으로, 이태원을 둘러싸고 있던 보이지 않는 사회문화적 장벽이 허물어졌음을 말한다. 다시 말해, 과거 배타적인 시선을 받았던 이태원의 이국성이 다양성으로 재해석되어 이태원은 국제적인 지역으로 변모했고 패션 투어리즘의 중요한 장소가 된 것이다. 이렇듯 1970년대와 1980년대 의류 상인들은 이태원을 서울 패션 투어리즘의 대표 명소로 성장시켰다.

이와 같은 이태원 패션 디스트릭트의 성공에는 신속하고 탄력적인 맞춤 생산 · 판매 시스템이 뒷받침되었는데, 이는 1970년대부터 대로변 뒷골목에 테너먼트 공장이 생기면서 길가의 의류 상점과 유기적인 패션 클러스터를 형성했기에 가능했다. 이태원 의류 상점은 대부분 직영 공장에서 제품을 생산하였으므로 가격과 품질 면에서도 경쟁력이 있었다. 동대문 시장이 대규모 산업 단지로서 기성복의 생산 및 판매를 위한 패션 클러스터였다면 이태원은 소량 생산된 기성복 및 맞춤 의류에 집중된 상권이었다. 더불어 이태원 의류 상점에서는 지역 내에서 소량으로 생산된 의류 외에도 동대문 시장 등에서 제작된 '보세 옷'을 판매하여 상당한 규모의 보세 상권이 조성되었다. 당시 우리나라에서 생산 및 수출하는 의류 중에는 미국 유명 브랜드의 아웃소싱으로 하청 주문을 받은 제품이 중요한 비중을 차지했는데, 그때 수출하고 남은 상품들이 미군 사이에서 인기가 많았다. 수요가 급증한 보세 의류와 함께 1980년대 이태원에 등장한 품목은 이른바 '짝퉁' 상품이었다. 미국 브랜드의 보세 제품은 공급이 한정적이었기 때문에 이태원 안팎의 공장들은 이 의류 제품의 디자인을 베껴서 생산 및 판매하기 시작했다. 초반에는 상표가 없는 보세 제품이 주를 이루었으나 시간이 지나고 수요가 늘어나자 상표가 있는 보세와 짝퉁 제품을 함께 판매했다. 의류 상인을 인터뷰한 논문[61]에 따르면 하자가 있는 상품이나 재고 상품이 판매 품목에 다수 포함되어 있었다.

미국인을 대상으로 생산된 의류는 국내 소비자를 대상으로 한 상품에 비해 사이즈가 커서, '큰 옷'의 수요가 높은 이태원에 자연스럽게 큰 옷 상권이 탄생하게 되었다. 큰 옷 중에서도 유명 미국 브랜드의 보세 및 카피 상품에 대한 수요가 많았고, 배기 팬츠와 오버사이즈드 티셔츠를 파는 힙합 의류 상점들도 상당한 인기를 누렸다. 이 힙합 의류 상점들은 힙합 음악의 인기와 더불어 2000년대 초까지 장사를 이어갔다. 더불어 이 시기 이태원의 가죽 의류와 잡화 상점은 대부분 이태원 뒷골목의 테너먼트 공장에서 제품을 생산하였는데, 가격 대비 뛰어난 품질로 특히 일본 관광객 사이에서 수요가 높았다. 우수한 가죽 제품 제조 능력은 유럽 럭셔리 브랜드의 카피 상품 제작에도 발휘되어 이태원 의류 상

이태원 큰 옷 전문점(출처: 서울역사아카이브).

권이 북적거리는 요인 중 하나가 되었다. 이때 형성된 가죽 제품 상권은 이태원의 다른 의류 상권들과 마찬가지로 대폭 축소되었지만, 일부 상점들은 여전히 단골과의 관계를 유지하며 뒷골목 공장에서 생산된 제품을 판매하고 있다. 이처럼 1970년대 초부터 1980년대 후반까지 이태원의 의류 상인들은 맞춤 의류, 보세 상품, 큰 옷, 가죽 제품을 아우르며 서울을 대표하는 패션 관광지로서 이태원을 이끌었다.

이태원의 전성기는 그리 오래 가지 못했다. 늘어나는 수요를 감당할 수 없던 맞춤 양복점들이 양복 제작을 하청 업체에 맡기기 시작하면서 제품의 품질이 점차 저하되었고, 계속해서 상승하는 인건비로 가격 대비 고품질이라는 이태원 맞춤복의 장점을 잃어갔다. 설상가상으로 1990년대에 들어서 급속도로 성장한 중저가

기성복 브랜드들과 2000년대부터 동대문과 남대문 인근에 들어선 대규모 현대식 쇼핑몰로 인해 이태원의 의류 제품은 외국인 관광객들 사이에서 경쟁력을 잃게 되었다. 그뿐만 아니라 2008년 미국의 금융 위기와 용산 미군 기지의 평택 이전이 겹치면서 상황은 더욱 악화하였고 과거 이태원 의류 상권의 영향력은 사실상 사라지게 되었다. 현재는 실력이 좋은 소수의 맞춤 의류 상점들만 남아 국내외 단골을 상대로 맞춤 패션 의류 제작의 명맥을 유지하고 있다.

2000년대에 들어서자 중동 및 아프리카 계열의 이민자들이 유입되면서 이태원의 다양성은 한층 더 짙어졌다. 평택으로 이전한 미군 대신 다양한 외국인들이 이태원에 대거 거주하게 되면서 세계 여러 국가의 음식점이 생겼다. 이러한 과정에서 이태원의 의류업은 급속도로 쇠락하고 요식업이 부상했다. 세계의 다양한 복식 문화를 경험할 수 있는 상점도 일부 등장했으나, 이태원의 의류 상권을 살리기에는 역부족이었다. 결국 이태원은 패션 디스트릭트로부터 세계 음식 디스트릭트로 변화했다.

이처럼 이태원이 서울의 대표적인 명소로 자리 잡은 배경에는 의류 상권의 흥망성쇠가 있었다. 이태원의 의류 상권은 다양한 사람들의 수요를 충족하며 이방인을 포용했고 수많은 관광객을 끌어들였다.

지구촌 축제가 벌어지는
다양성의 공간

이태원에는 매년 '이태원지구촌축제'가 개최된다. 이 축제에서는 각 나라의 전통 의상을 소개하는 패션쇼를 진행하고 다양한 국가의 음식이 소개되는 등 세계 각국의 문화를 체험할 수 있다. 이태원이 이 축제를 개최할 수 있는 이유는 수많은 외국인이 오가며 다양한 문화가 모인 장소성 때문이다. 이태원은 전후 미군의 주둔을 시작으로 미국 문화가 유입되는 통로가 되었고, 1980년대에는 쇼핑 장소로 수많은 외국인 관광객의 발걸음을 이끌었으며, 1990년대에는 이주노동자들이 유입되면서 방문객의 국적이 더욱 다양해졌다. 이러한 역사를 통과하면서 이태원에는 외래문화가 겹겹이 쌓였다. 이태원지구촌축제에서도 알 수 있듯 이제 이태원은 '서울 속의 작은 미국'이라기보다는 '서울 속의 작은 지구촌'에 가깝다. 이태원은 늘 새로운 문화를 수용하고 다양한 사람들을 포용하는 장소였고, 낯선 문화의 유입에 대한 거부감이 낮았다.[62] 이러한 배경으로 인해 이태원은 다양성을 대표하는 곳으로 자리 잡았다.

다양성의 장소가 되기까지

　　이태원이 다양성을 대변하는 장소가 된 것은 단순히 여러 국적의 외국인이 방문했기 때문만은 아니다. 앞에서 살펴보았듯 이태원은 미국을 중심으로 한 클럽 문화가 발달했고 미군과 외국인 관광객을 대상으로 한 의류 산업이 성장했다. 이태원의 지역적 특징은 다양한 외국인이 유입된 원인이자 결과이며 다채롭고 개방적인 이태원의 장소성을 지속해서 재생산하고 강화하는 주요한 요인이었다. 이러한 장소성 덕분에 이태원은 그 어떤 지역보다 여러 유형의 사람들을 수용했다. 다양한 국적과 인종이 혼재했고 청년 문화를 대표하는 스타일, 이주민이나 성소수자까지 하위문화의 여러 주체가 뒤섞여 활동했다. 이태원의 거리에서는 다양한 언어가 들리고 다양한 인종

이태원 클럽(출처: 서울역사아카이브)

이 보이며 다양한 스타일과 정체성이 공존해 온 것이다. 이태원의 클럽 문화와 의류 상권은 이러한 다양성에 발맞추며 주류가 아닌 사람들의 낮과 밤을 포용했다.

클럽 문화를 연구한 학자 세라 손튼Sarah Thornton(1996)에 따르면 클럽은 전통과 사회 규범적 위계질서에서 해방된 공간으로, 주류의 규범에서 벗어나고자 하는 집단이 자아 정체성을 표출함으로써 이들만의 고유한 문화를 키워나가는 곳이다.[63] 이를테면 화려하게 반짝이는 디스코 스타일로 차려입고 클럽에 입장하는 것은 규범으로부터 해방되어 자유와 쾌락을 추구하는 방법이었다. 이러한 클러버의 복장은 주류 문화에 저항하고 이와 구별되는 하위문화의 성격을 지닌다. 이태원에서는 클럽을 중심으로 고고, 디스코, 힙합, 테크노 등 여러 하위문화가 연이어 소개되었고, 비주류를 위한 대안적 공간으로 변모해 갔다. 특히 억압적인 체제와 기성의 문화에 저항하던 청년 문화가 주축이 되었다.

이처럼 클럽이 이태원을 비주류 집단의 문화 공간으로 만들며 지역의 문화적 다양성을 촉진했다면 의류 상권은 이를 뒷받침하는 동시에 확산하는 역할을 했다. 이태원의 의류 상권은 미군을 비롯한 수많은 외국인을 수용하기 위해 인종, 국적, 신체 사이즈 등 폭넓은 범주를 아우르기 위해 노력했다. 다양성을 갖추는 것은 핵심적인 사업 운영 전략이었다. 이로써 의류 상권은 이태원의 이

국적이고 하위문화적인 장소성을 재생산했고 이를 기반으로 이태원은 다양한 외국인 관광객, 이주노동자를 비롯한 사회적 이방인의 방문을 유도하는 장소가 되었다.

클럽 문화와 의류 상권을 중심으로 비주류 집단을 위한 환경이 마련된 이태원의 장소성은 정상과 비정상의 구분을 지양하고 다양성을 존중 및 호용하려는 사회적 화두와 연결된다. 이태원은 우리나라에서 다양성을 추구하는 대표적인 공간으로 자리 잡고 있으며 특히 성소수자의 유입은 이태원의 다양성에 방점을 찍었다.

드래그의 공간, 이태원

이태원은 예로부터 다양한 외국인이 드나드는 지역인 만큼 낯선 문화에 열려 있다. 다양한 인종과 문화가 모이고 섞인 이태원의 분위기는 주류 사회에 동참하지 않거나 비규범적인 사람들을 불러 모았다. 따라서 이태원은 퀴어 문화가 자리를 잡기에 적합한 장소였을 것이다.

이태원에 성소수자의 커뮤니티가 형성된 배경은 역사적 자료가 부족하기 때문에 구체적으로 파악하기 어렵다. 그러나 1950년대부터 미군을 대상으로 하는 라이브 뮤직 클럽과 술집이 이태원 안팎에 엄청나게 들어서 있었다는 점과 무관해 보이지 않는다. 1970

년대 이태원을 포함한 미군기지 일대에는 군사 취락, 즉 기지촌이 형성되었다. 기지촌의 상권은 서비스업을 중심으로 발달하였는데 주로 미군을 대상으로 한 클럽, 술집, 불법 성매매가 성행했다. 기사와 학술 논문을 통해 이미 1960년대부터 기지촌에는 성소수자들의 상권이 자리 잡아 미군들과 관계를 맺었음을 알 수 있다. 성소수자 커뮤니티의 형성이 전적으로 미군 기지의 영향이라고 볼 수는 없지만, 우리나라처럼 미군이 주둔해 온 필리핀과 태국 등지에서도 기지 주변에 트랜스젠더 클럽이 형성되었음을 미루어 보아 그 상관관계를 무시할 수 없다. 기지촌은 탈영토화된 공간으로 기지촌 주변이라는 이태원의 지리적 특징이 기존의 성/젠더 규범에서 벗어나도 용인하는 분위기를 형성했을 가능성이 높다.64 우리나라의 지배적인 성 관념으로부터 크게 어긋나는 모습이 나타나도 낯선 외국 문화라는 인식 덕분에 사회적 비난으로부터 비껴갈 수 있었을 것이다.

1990년대에는 온라인 커뮤니티가 발달하면서 성소수자 간의 커뮤니케이션이 활발해졌다. 이들은 온라인뿐만 아니라 오프라인에서도 모이기 시작했는데 이때부터 주목받은 장소가 이태원이다. 현재에는 이른바 '이태원 소방서 골목'에 게이나 레즈비언, 트랜스젠더를 위한 술집과 클럽이 다수 존재하며, 이곳은 '게이힐gay hill'이라는 이름으로 불리기도 한다. 특히 이태원의 드래그 쇼drag show는 일반 대중의 관심까지 끌며 대표적인 퀴어 문화로 자리 잡고 있다. '게이힐'의 한 퀴어 클럽에서 진행하는 드래그 쇼는 이성애자 관객이 대다수를 차지할 정도이며,[65] 2019년에는 이태원에서 처음으로 '드래그 퍼레이드'가 개최되어 성소수자뿐 아니라 다양한 사람이 참가해 드래그 문화를 즐기고 성소수자의 인권을 외쳤다. 이태원은 드래그의 중심지이며 국내에서 드래그 문화를 확산시킨 원천지다.

드래그drag란 이성의 복장을 이용해 생물학적 성과 젠더를 과장하여 표현하는 퍼포먼스를 뜻한다.[66] 드래그는 퀴어 정체성을 복식으로 표현하는 대표적인 퀴어 하위문화다. 드래그 아티스트는 젠더를 표현하는 의상costume을 비롯해 각 젠더의 특징으로 여기는 몸짓을 과장하며 노래, 춤, 연기 등의 퍼포먼스를 펼친다. 이는 성과 젠더를 나타내는 복식 기호를 활용하여 이분법적으로 나뉜 지배적인 젠더 규범에 저항하고 도전하는 것이다. 드래그 아티스트는 '남자다움'이나 '여자다움'의 정의에 질문을 던지고, 남자와 여자 사이와 바깥을 탐색한다. 보통 생물학적 남성이 여성을 표현하면 드래그 퀸drag queen, 생물학적 여성이 남성을 표현하면 드래그 킹drag king이라고 한다. 이태원의 드래그 쇼에는 주로 드래그 퀸이 등장하는데 이들 중에는 진한 화장, 금발의 길고 구불거리는 풍성한 가발, 화려하고 반짝이는 의상을 입으면서도 우람한 어깨와 팔

근육을 숨기지 않는 아티스트들이 있다. 전형적인 여성 복식을 착용하면서 남성의 생물학적인 특징을 동시에 보여 주는 것이다. 이에 최근에는 이들을 드래그 퀸, 드래그 킹과 같은 이분법적으로 표현하기보다는 드래그 아티스트라고 한다. 이처럼 드래그는 성별과 젠더를 과장하고 병치함으로써 젠더의 다양성을 표현한다.

드래그 아티스트들은 드래그 쇼에서 보깅voguing과 립싱크 공연 등을 펼치며 화려하고 독창적인 의상을 착용한다. 이 의상은 드래그 퍼포먼스에서 중요한 부분을 차지한다. 드래그 퀸의 경우에는 레이스나 프릴 또는 시퀸스가 가득한 드레스 등으로 여성성을 과장한다. 드래그 쇼에는 내러티브를 창의적인 의상에 담거나, 미인 대회처럼 각자의 스타일을 뽐내므로 의상이 서사적으로도 중요한 역할을 한다. 이러한 배경으로 인해 이태원에는 무대 의상 상권이 함께 형성되었다. 이태원의 무대 의상 상점에서는 드래그 퀸을 비롯한 여러 공연 배우들이 레이스와 비즈로 수놓인 화려한 무대 의상을 구매한다.

이태원의 무대 의상 상점은 기성복 드레스뿐만 아니라 소비자의 요구에 맞는 맞춤 드레스 제작이 가능하다는 점에서 이 지역의 맞춤 의류 전문점과 그 맥락을 같이한다. 맞춤복은 보편적인 취향과 신체미에 따른 기성복과는 달리 개인의 특성에 맞춘다는 점에서 퀴어와 상징적으로 연결된다. 1970년대의 명동에도 양복점 및 양장점 근처에 게이와 레즈비언의 커뮤니티가 형성되었다고 하니 양복점 및 양장점과 성소수자 커뮤니티 사이에 연관성이 있음을 알 수 있다. 양복과 양장은 성별에 따라 구분되므로 성소수자들이 원하는 젠더를 표현하기에 탁월한 수단이었을 것이다. 특히 레즈비언 중 여성복을 주로 입는 집단은 '치마씨', 남성

이태원 트랜스바(출처: 서울역사아카이브).

복을 주로 입는 집단은 '바지씨'라고 구분했는데, 바지씨가 남성복을 입을 때에는 남성보다 작은 체형에 맞춰 입기 위해 양복점을 이용해야 했다.**67** 즉, 성소수자들은 드래그가 아니더라도 '크로스드레싱cross-dressing'을 통해 젠더 규범에 도전한 것이다. 복식은 성소수자의 정체성을 표현하기에 효과적인 수단이므로 성소수자 커뮤니티와 의류 상권은 상호 연관성을 가지게 된다. 이태원의 의류 상권은 국적과 인종에 이어 젠더 다양성을 포용하며 이태원의 장

소성을 강화하는 데 기여한 것이다. 이태원은 퀴어가 소외로부터 벗어날 수 있는 중요한 공간을 제공했고, 젠더 다양성을 포용하는 대표적인 공간으로 변모하게 되었다.

다양성을 포용하는 장소, 이태원

소수자를 포용하는 이태원의 특징은 퀴어에 한정되지 않는다. 앞서 살펴보았듯이 이태원은 많은 외국인이 드나들면서 이들의 취향과 체형을 충족하는 각양각색의 의류가 판매되어 왔고, 특히 체형이 큰 외국인을 위한 큰 옷 상점이 많다. 즉, 이태원의 의류 상권은 다양한 신체 사이즈를 가진 사람을 아우를 수 있다. 최근 패션 산업에서는 마른 몸을 강요하는 미적 기준의 여러 부작용이 나타나면서 신체 사이즈에 대한 포용이 중요한 화두로 등장했다. 이태원의 큰 옷 상권은 신체의 다양성에 대한 사회적 요구에 부합하는 공간으로, 패션 산업의 협소한 기준 바깥에 위치하는 사람들을 포용한다. 이에 이태원은 외국인, 성소수자, '큰 옷'을 입는 사람들이 오가며 인종과 국적, 젠더, 신체 사이즈의 다양성을 아우르는 장소로, 패션 투어리즘에서도 중요한 의미를 갖는다. 이는 패션 디스트릭트로서의 이태원이 역사적 맥락을 거치며 갖게 된 고유한 특성이다. 마치 근대 시기에 외국 문물을 받아들이며 번화한 항구 도시처럼 이태원은 해외 문화와 만나는 통로의 역할을 해왔다. 미군을 중심으로 미국 문화가 들어왔고, 외국인 관광객들과 이민자의 유입까지 이어지며 이태원은 늘 이국성이 짙었다. 이러한 이태원의 이국성은 개방성으로 이어지고 성소수자까지 아우르면서 다양성의 장소로 자리매김했다. 이제 이태원의 거리에는 드래그 아티스트를 비롯해 다양한 인종과 체형의 사람들이 자유롭게 오간다.

이태원의 다양성은 복식을 중심으로 구현됐고 크고 작은 골목에 위치한 여러 의류업체들이 이를 뒷받침했다. 맞춤복 상권은 이태원의 이국성을 수용하고 확대하는 데 핵심적인 역할을 해왔으며 무대 의상 상권은 드래그 퀸 퍼포먼스를 위한 공간, 큰 옷 상권은 주류의 범주에서 벗어난 신체 사이즈를 가진 사람들을 위한 공간이 되었다. 의류 상권은 이태원이 이방인의 지역으로부터 다양한 소수자의 지역으로 나아가는 데 기반이 되었다.

이태원은 '샐러드 볼Salad Bowl'과 같은 지역이다. 커다란 그릇에 여러 재료가 어울리는 샐러드 볼처럼 다양한 문화가 조화롭게 공존하는 장소다. 문화, 젠더, 체형, 인종에서 각자의 차이를 존중하는 문화가 자리 잡았다. 이러한 문화의 중심에는 옷이 있다. 패션, 의류, 복식을 통해 정체성의 자유로운 표현이 이루어지는 이태원의 풍경은 서울 패션 투어리즘의 장소로서 큰 역할을 한다.

5

성수동

공업 지역에서 탄생한 패션 플레이스

한강과 중랑천에 인접한 성수동은 물자 운송의 요충지였다. 18세기 이후 상업이 발전하면서 성수동 일대의 뚝섬에는 시전市廛이 설치되었으며 수많은 배와 뗏목이 물건과 사람을 싣고 오갔다. 성수동은 1930년대 경성부의 구획 정리 사업으로 한강 연안 부근에 공장을 유치하며 준공업 지역으로 발전했다. 이후 1950년대에는 소규모 봉제 업체들이 대거 흘러들었다. 1960년대에는 금강제화, 에스콰이어와 같은 대형 신발 브랜드가 들어서며 부속품과 원단 등을 유통하는 하청 업체들이 집적되기 시작했다. 이처럼 성수동은 수제화 산업의 생태계를 구축함에 따라 제화 산업의 상징으로 떠올랐다. 그러나 2010년대에 접어들면서 임대료 인상과 고령화된 생산 인력 등으로 성수동의 제화 산업은 위기를 맞게 되었다. 그로 인해 명맥을 잇기 어려워졌고 한동안 낙후된 지역으로 남아 있었다.

한편 현재의 성수동은 서울의 대표적인 패션 '힙 플레이스'로 자리매김했다. 성수동은 유명 패션 브랜드 팝업 스토어의 성지이자 최신 패션 또는 트렌드를 추구하는 이들의 아지트가 되었다. 성수동에는 다른 패션 디스트릭트와 차별되는 특수성이 있다. 바로 '슬럼화'를 거쳤다는 것이다. 아이러니하게도 슬럼화는 어떤 지역이 '핫 플레이스'로 거듭나는 경로 중 하나다. 독일이 통일되자 동독 사람들이 떠나버린 베를린은 아티스트들이 자리를 잡으면서 예술 공간으로 변모했다. 이처럼 성수동도 저렴한 임대 공간을 찾는 창작자들과 새로운 감성을 추구하는 젊은 세대가 모여들면서 공실로 방치되었던 건물과 오래된 창고가 카페나 의류 매장으로 바뀌었다. 소규모 공방의 디자이너들은 기존의 생산 네트워크를 활용하면서 활발히 활동했고, 이를 바탕으로 성수동은 지역의 산업과 문화가 조화를 이루는 복합 문화 공간으로 변모했다.

이 장에서는 수제화 제조 산업과 복합 문화 공간이 공존하는 성수동의 패션에 대해 살펴보고자 한다. 성수동의 전신이라 할 수 있는 수제화를 비롯한 제조 산업의 역사와 트렌디한 사람들이 모여 만든 오늘날 핫 플레이스로서의 성수동까지 조명한다. 나아가 변화된 성수동에 필연적으로 진행 중인 젠트리피케이션을 살펴봄으로써 오늘날 독특한 패션 투어리즘의 장소를 형성하는 과정에 놓인 과제를 고민해 본다.

소통하는 구두 장인,
메이드 인 성수동 수제화

성수동을 흔히 '서울의 브루클린'이라고 칭한다. 성수동과 브루클린은 한때 공장 지대였던 산업 공간이 트렌디한 젊은 세대의 성지로 변신했다는 공통점이 있다. 빈티지한 멋을 추구하는 인더스트리얼 스타일이 유행하면서 오래된 공장을 개조한 성수동의 카페에는 유행에 민감한 소비자들이 몰려들어 '핫 플레이스'로 자리 잡았다. 그러나 성수동만의 '힙'한 감성을 새로운 집단의 집합이라는 차원으로만 설명하기에는 어려움이 있다. 성수동은 패션의 근간이 되는 제조 산업이 현재 진행형으로 이루어지는 지역이다. 대표적으로 복합 문화 공간으로 거듭나게 된 크고 넓게 지어진 벽돌 건물은 우리나라 제화 산업의 흥망성쇠를 겪은 성수동의 역사를 드러내고 '힙 플레이스'를 유지하는 원동력을 제공한다. 성수동은 서울에서 유일하게 수제화 전문 거리를 보유한 곳이다. 여전히 많은 수의 신발 공장이 운영되고, 신발의 제작과 수선에 필요한 부자재 업체들이 모여 있다. 여기에 1960년대에 지어진 주택을 비롯하여 거리 곳곳의 아파트형 공장과 오피스텔이 더해지면서 성수동만의 독특한 분위기가 형성된다.[68] 도시의 '힙 플레이스'는 기술과 인재가 남아 있는 자리에 새로운 창조 계급이

들어와 이들이 서로 융합하며 생성된다.[69] 즉 수제화 제반 시설과 트렌디한 공간이 어우러진 성수동의 풍경에서 과거 제조 산업의 역동적인 역사와 이를 토대로 K-패션의 새로운 페이지를 열 가능성을 엿볼 수 있다.

근대화의 상징에서
패션 '힙 플레이스'의 원동력이 된 제화 산업

제화 산업과 같은 제조업은 근대화의 거대한 파도를 넘으며 패션에 대한 열망이라는 새로운 의미를 갖게 되었다. 개항과 일제 강점기를 거치며 변화를 겪었던 서울도 예외가 아니다. 개항 이전까지 조선에서 신던 신발은 당혜唐鞋, 운혜雲鞋, 태사혜太史鞋와 같이 발목 부분이 없는 신발인 혜鞋와 발목이 있는 부츠 형태의 화靴였다. 일제 강점기에는 조선 신발의 형태는 유지하면서 소재를 바꾼 고무신이 보급되어 남녀노소가 즐겨 신었다.[70] 특히 1920년대 중반부터는 서양의 신발이라는 뜻의 '양혜洋鞋' 또는 '양화洋靴'로 불리는 가죽 구두가 유행하기 시작했다. 개화기의 구두는 '개화꾼'들이 죽기 전에 경험하고 싶은 버킷리스트에 속할 만큼[71] 근대화의 상징이었다. 이러한 열망은 점차 양복이나 양장은 물론, 한복에도 구두를 착용할 정도로 대중화되었다.

서양의 신발 제조업은 19세기를 거치면서 장인 공예에서 산업화한 제조업으로 바뀌었는데, 신발 한 켤레를 만드는 데 필요한 업무를 신발 가게 사람들의 제작 분업화로 생산성을 높였다.[72] 일본은 이러한 생산 시스템을 서양식 군대 조직에 필요한 군화 제작 과정에 도입했다. 일제 강점기, 진고개에 일본인이 최초로 구두 상점을 개업했는데 이곳에서 조선인 양화공들이 일하기 시작했다.[73] 이후 양복과 양장이 정착되면서 옥스퍼드 슈즈, 앵클 부츠, 하이힐 등 다양한 종류의 구두 광고가 신문의 지면을 차지했다.[74]

서울에 수제화 산업이 안착되기 시작한 것은 1920년대부터다. 1925년 경성역(현재의 서울역)이 완공되자 화물 보관 창고에서 반출된 가죽이 밀거래되었고, 그 가죽을 사용하여 구두를 만들어 파는 노점상이 경성역 바로 옆, 염천교 일대에 생겨났다. 광복 후에

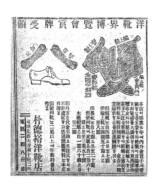

박덕유 양화점 광고
(출처: 한국연구원).

는 이곳에서 미군의 중고 군화를 수선해 재판매하는 상점이 늘어나면서 수제화 산업이 점차 확장되었다. 1960년대 중반이 되자 명동의 국립극장 일대에 양화점 거리가 조성되었다. 멋쟁이들이 모여들어 일종의 사교장 같았던 명동에는 고급 살롱화점, 즉 고급 맞춤화 전문점이 들어

섰다. 이곳의 제품들은 일반 구두보다 두 배 이상 높은 가격인데도 수요가 많았다. 그로 인해 솜씨 좋은 양화공은 여러 매장에서 스카우트 제의를 받을 정도였다. 이후 종로, 염천교, 명동에 분포했던 양화공들은 점차 성수동으로 이동했다. 금강제화의 이전을 시작으로 성수동의 수제화 산업이 빠르게 성장했기 때문이다. 이들은 기술과 경험을 토대로 수제화 산업을 이어갔고 성수동은 서울 제화 산업의 종착지가 되었다.

1980년대 성수동 수제화 공장의 주요 수입원은 대기업 제품의 하청 생산이었다. 제화 업계의 대기업들은 성남, 하남, 안산 등에 위치한 자사 생산 공장의 기계를 통해 제품을 대량으로 만들어 냈다. 하지만 여러 디자인을 소량 생산해야만 하는 여성화까지 소화하기에는 어려움이 있었다.[75] 이에 기업에서는 여성화의 제작을 성수동과 같은 근거리의 산업 집적 지역에 하청하는 방식을 선호하게 되었고, 성수동의 수제화 공장은 대기업의 생산 시스템에 편입되어 유행에 민감한 여성화를 주로 다루게 되었다. 성수동 수제화는 다양한 디자인을 보유하면서도 유행에 따른 디자인의 교체 주기가 다른 지역에 비해 짧았기 때문에 트렌드에 빠르게 반응할 수 있었다. 900여 개의 매장 앞을 장식한 수많은 구두, 구두의 재료가 즐비한 연무장길, 벽돌 건물의 대형 창고는 1990년대 성수동의 상징이었다. 이제는 시간이 흘러 제화 산업의 쇠락으로 비교적

성수동 수제화거리 상징.

한산해졌지만, 공업 지역의 흔적은 아티스트들을 불러 모아 낡은 듯하면서도 독창적인 감성의 '핫 플레이스' 환경을 조성하는 데 일 조했다.

이처럼 패션 플레이스 성수동은 하루아침에 만들어진 것이 아 니다. 새로운 감성을 찾는 젊은 세대와 그 분위기를 조성한 아티 스트들의 역할도 컸지만, 개화기부터 시작된 신발에 대한 새로운 열망과 유행을 이끌었던 동력이 이미 성수동에 존재했다. 즉 성수 동은 서울의 다른 공업 지역의 변화 방식과는 달리 역사적 맥락을 유지하며 패션 플레이스로 거듭나게 되었다고 할 수 있다.[76] 이러한 측면에서 디올Dior, 버버리Burberry, 자크뮈스Jacquemus와 같은 럭셔리 패션 브랜드가 팝업 스토어의 장소로 성수동을 선택한 것은 자연스러운 현상으로 보인다.

2024 F/W 서울패션위크는 동대문 DDP와 성수동 에스팩토리에서 이루어졌다. 변화와 확장에 중점을 두고 진행된 2024 F/W 서울패션위크는 성수동으로 행사의 공간을 확장하면서 홍보와 세일즈에 새로운 포맷을 적용했고, 그 결과 2023년 대비 3000명 이상의 방문객을 유입할 수 있었다.[77] 2014년부터 약 10년 동안 서울패션위크를 개최한 동대문 DDP에 비견할 만한 공간으로 성수동이 채택되었다는 것은 그만큼 패션 플레이스로서 갖는 위상의 변화를 보여 준다. 즉 현재의 성수동은 트렌드세터trendsetter들의 아지트를 넘어 서울 패션을 상징할 수 있는 장소로 자리 잡은 것이다. 도시 전체가 런웨이 무대가 되는 뉴욕패션위크의 사례에 견주어 볼 때,[78] 서울패션위크의 성수동으로의 공간 확장으로 경제적 부가 가치 효과를 기대할 수 있으며, 수제화 산업은 성수동의 지속적인 성장을 위한 굳건한 배경이 될 것으로 보인다.

제조업 집적 지역의 살아있는 역사, 성수동

성수동은 단기간에 형성된 도시형 산업 집적지이다.[79] 제조업 집적지로서 성수동의 성장에는 여러 환경적 조건이 수반되었지만, 가장 큰 요인은 봉제 업체를 비롯한 소규모 공장들의 밀집이었다. 성수동 일대에는 1950년대부터 시작된 서울 도시 계획에 따라 경공업 공장들과 영세 업체들이 저렴한 임대료를 찾아오며 대규모의 공장 지대가 형성되었는데, 이러한 환경은 대형 제화 기업에게 매력적인 조건이었다.[80] 성수동에서 수제화 산업이 본격적으로 시작된 계기는 금강제화라는 기업의 이전이었다. 금강제화는 1960년대 명동의 국립극장 주변에 자리했던 양화점으로, 에스콰이어와 함께 우리나라를 대표하는 대형 제화업체다. 1967년 금강제화의 금호동 이전으로 자체 공장뿐만 아니라 금강제화와 거래하거나 납품하는 수많은 협력 업체 및 부품업체 그리고 기술자들이 함께 이동했다. 이 과정에서 중랑천 건너의 성수동에도 제화 관련 업체들이 모이게 되었다. 이후 에스콰이어가 뒤를 이었고 공장을 비롯해 주요 제화 브랜드의 본사가 성수동에 자리 잡으면서 1990년대 중반까지 이곳은 우리나라 제화 산업을 이끌어가는 중심지의 역할을 했다.

성수동의 지리적 장점 또한 성장 요인으로 크게 작용했다. 성수동은 뚝섬역, 성수역, 서울숲역 등 지하철역이 인접해 있어 소비자의 접근성이 좋고, 동부간선도로, 강변북로, 올림픽대로가 연결되어 물류 이동을 위한 교통도 편리하다. 또한 배후 주거 단지가 형성되어 있어 인력의 수급도 용이했다. 이러한 입지 조건은 동종 업종 또는 연계성이 높은 업체의 집적에 큰 강점으로 작용하여 성수동의 수제화 산업이 국지화 경제로 성장할 수 있는 요인이 되었다.[81] 성수동의 수제화 매장과 구두 공방은 장인이 직접 운영하거나 자체 공장을 둔 경우가 대부분이다. 따라서 기성화 매장과는 달리 제작자와 소비자가 직거래할 수 있는 구조가 가능했다. 성수동에서 재직 중인 제화 기술자들은 최소 7년에서 15년 이상의 견습 생활을 거친 전문 기술자들이다.[82] 매장을 방문한 소비자는 마음에 드는 디자인의 신발을 자신의 발 치수와 모양에 맞게 제작할 수 있으며 발과 관련된 질병이나 장애로 인한 특별 맞춤도 제작자에게 요구할 수 있다.

이러한 강점에도 불구하고 1990년대 후반에는 금융 위기에 따른 제화 기업들의 이전과 폐업으로 성수동의 수제화 산업의 성장이 주춤했다. 이에 중소 하청 기업만 남아 기술 및 노동력이 유지되지 않고 산업이 침체하기 시작했다.[83] 또한 신발 산업에서 주류를 차지하는 품목이 구두에서 스니커즈로 변화하면서 수제화 공장의 판매 구조에 변화가 필요해졌다.

현재 성수동 수제화 공장의 시스템은 급변하는 유통 플랫폼에 적응 중이다. 새로운 판매 경로를 개척하기 위한 첫 번째 플랫폼은 홈쇼핑이다. 상품의 대량 공급이라는 특성을 가진 홈쇼핑에서는 성수동의 수제화 생산 시스템의 장점이 적절하게 발휘된다. 해외 제화 브랜드 제품은 물량을 확보하기 힘들거나 수입하는 과정에서 최적의 판매 시점을 놓치게 될 가능성이 있지만, 성수동 수제화 공장은 근거리에서 짧은 시간에 충분한 재고를 확보하여 매출을 높일 수 있기 때문이다.[84]

소셜 네트워크 서비스를 이용해 후원과 주문을 받는 크라우드 펀딩crowd funding 시스템도 새로운 유통 경로 중 하나다. 크라우드 펀딩에서 요구하는 제품 정보에는 제작인의 삶과 소비자에게 전달하고자 하는 사회적 가치 등 판매자의 진정성을 보여 줄 수 있는 스토리텔링이 포함되어 있다. 성수동을 기반으로 한 신발 브랜드들은 수제화 산업 역사의 지속, 장인들의 검증된 실력 등을 키워드로 크라우드펀딩 사이트에서 긍정적인 반응을 얻고 있다. 상품 이미지와 장소의 특징이 긍정적으로 결합할 때 브랜드에 고유한 상징성을 부여하듯이,[85] 온라인 유통 플랫폼에서 '성수동 수제화'는 단어 그 자체로 품질을 보장하는 하나의 인증 마크가 되었다.

신발 생산의 역사는 전통적인 맞춤 제작 방법에서 신발 제작 기

수제화 공장 재단실의 종이 패턴들(출처: 서울역사아카이브).

술의 탈脫전문화를 거쳐 기계화에 이르렀으며, 오늘날 생산 자동화와 3D 프린팅은 새로운 과제와 기회를 제시한다.[86] 여러 분야에서 효과적인 생산 방식으로 제시되는 3D 프린팅은 신발의 새로운 디자인 구현을 가능하게 하며 제화 산업이 또 다른 방향으로 성장할 수 있음을 예고한다. 이에 발맞춰 최근에는 성수동의 일부 수제화 매장에서 발의 치수, 상태, 양발의 밸런스 등을 과학적으로 측정할 수 있는 3D 스캐너를 도입하여 맞춤 수제화에 적합한 테크놀로지를 도입하고 있다.

오래된 건물? 오히려 좋아. 레트로 감성 찾아 모이는 사람들

서울의 브루클린, 성수동

앞서 살펴본 바와 같이 1930년대 한강 연안 부근에 공장을 유치하는 개발이 진행되면서 성수동은 준공업 지역으로 성장했다. 1950년대 중반에는 소규모 봉제 업체들이 성수동으로 유입되었다. 1960년대에는 대형 신발 브랜드가 입주하여 부속품 및 원단 유통을 위한 하청 업체들이 집적되었다. 이로써 성수동은 수제화 산업의 중심지로 발돋움하게 되었다. 그러나 1990년대 경제 위기를 겪으며 공장 대다수가 이전했다. 2010년대에 접어들면서 임대료 인상 및 생산 인력 고령화 등의 어려움으로 성수동의 제화 산업은 주춤하게 되었다. 현재는 수제화 산업의 일부가 남아 있지만, 수제화 산업 중심지로서의 역할보다는 '핫 플레이스'로 더 주목받고 있다.

성수동은 특유의 분위기와 역사로 인해 '한국의 브루클린'이라는 별칭을 얻었다. 이는 1980년대 미국 제조업이 쇠퇴하며 변화를 겪은 브루클린과 유사점이 있기 때문이다. 당시 브루클린에서는 설탕, 조선, 제약 공장 등이 문을 닫으면서 빈 공장이 많아졌고 이에 따라 해당 지역은 슬럼화되었다. 이러한 위기는 기회가 되어 가난한 조각가와 화가 그리고 음악인을 비롯한 예술가들이 이곳을 활용하기 시작했다. 뉴욕시는 이들의 문화 예술 활동을 지원했고, 결과적으로 브루클린은 트렌디한 뉴욕 문화를 즐길 수 있는 곳으로 변화했다.[87] 이처럼 성수동과 브루클린은 비슷한 역사를 공유하지만 성수동이 한국의 브루클린으로 불리는 데에는 성수동의 랜드마크인 대림창고와 오래된 다세대 주택의 붉은 벽돌이 브루클린을 연상케 한다는 점이 영향을 미쳤다.[88]

지역의 변화 양상이 성수동과 유사한 지역은 따로 있다. 해외에는 성수동과 같이 산업적 쇠퇴에서 문화적 부흥이라는 여정을 거친 지역이 여럿 있는데, 그중 하나가 미국 뉴욕의 소호SoHo이다.

성수동 붉은벽돌 건물(출처: 성동구청).

소호는 사우스 오브 하우스턴South of Houston의 약어로 20세기 중반에는 인쇄 및 텍스타일 제조업으로 번창한 제조업 지구였다. 그러나 저렴한 인건비를 찾아 제조 아웃소싱을 하게 되면서 소호의 공장들은 문을 닫았고 거리에는 빈 건물들이 늘었다. 이후 1960년

미국 뉴욕의 소호.

대에는 예술가들이 저렴한 임대료와 넓은 작업 공간을 찾아 소호의 빈 로프트와 창고에서 작업을 시작하면서 자연스럽게 아트 갤러리가 등장했다. 뉴욕시는 소호를 혼합 용도 재개발 지역으로 지정하여 이를 더욱 활성화했다.[89]

성수동도 소호와 유사한 과정을 겪었다. 2000년대 초반, 제화 산업이 쇠퇴하여 남겨진 넓고 저렴한 공간에 젊은 예술가와 신진 디자이너들이 하나둘 모여들면서 성수동의 변화가 시작되었다.[90] 이 과정에서 정부는 성수동을 문화 지구로 지정하고 기업과 예술가들에게 인센티브를 제공하여 지역에 활기를 불어넣었다. 성수동은 소호와 같이 예술 커뮤니티, 도시 계획 정책, 정부 지원 등을 통해 쇠락한 산업 지구에서 도시의 새로운 상징적인 지역으로 부상했다.

또 다른 사례로 런던의 쇼디치Shoreditch를 들 수 있다. 영국 런던시 북부 해크니Hackney에 위치한 쇼디치는 16세기 말 유럽 내 셰익스피어와 벤 존슨 등의 연극을 상연한 극장 지구로 명성을 떨쳤다. 템즈강과 런던 중심지에 자리한 쇼디치는 지리적 이점으로 인해 공장과 무역업이 번성하며 공장주와 무역업자 등 부유층이 거주할 정도로 번창한 지역이었다. 그러나 17세기부터는 범죄와 성매매율이 증가하면서 지역이 슬럼화되었다. 슬럼화된 쇼디치는 1980년대 말부터 젊은 예술가와 디자이너들이 모여들며 변화를 겨기 시작했다. 성수동과 마찬가지로 변두리의 공장 지대였던 쇼디치는 도심 접근성 및 저렴한 임대료를 장점으로 하여 작업 공간을 구하던 예술가와 디자이너의 눈에 들었다. 1990년대에는 토니 블레어Tony Blair 수상이 '디자인 포 런던Design for London'이라는 정책으로 쇼디치 재생 프로젝트를 진행하였고, 쇼디치는 문화 예술 지역으로 변모했다.[91]

성수동, 소호 그리고 쇼디치의 공통점은 저렴한 임대료와 높은 접근성으로 인해 예술가와 디자이너들이 모여들면서 지역의 분위기가 예술적이고 창의적으로 변화했다는 것이다. 세 지역 모두 정부의 도시 계획이 뒷받침되어 낙후된 지역이 활기차고 경제적 가치를 지닌 장소로 재탄생할 수 있었다.

트렌디한 사람들이 모이는 성수동

성수동은 다양한 브랜드 쇼룸과 팝업 스토어 등이 밀집되어 인파로 붐비고 있다. 특히 패션 기업들이 자리를 잡으면서 패션 브랜드의 격전장이 되었다.[92] 여기에 대형 연예 기획사의 사옥 이전으로 더욱 활기를 띠며 트렌디하고 힙한 지역으로 변화했다. 성수동이 인기를 끈 이유는 무엇일까? 단순히 해외 럭셔리 브랜드와 신진 디자이너 브랜드 등 패션 업계가 성수동으로 발걸음을 돌렸기 때문일까? 성수동이 힙한 이미지를 갖게 된 데에는 사람들이 주목할 만한 자본의 유입뿐만 아니라 트렌디한 사람들도 일조를 했을 것이다. 이를 창조 계급creative class과 플라뇌르flâneur의 개념으로 살펴보고자 한다.

창조 계급은 리처드 플로리다Richard Florida가 제시한 개념으로 예술가, 디자이너, 연예인 등 창의성을 필요로 하는 직업군으로 구성된다. 그에 따르면 창조적인 아이디어와 혁신적인 발상을 가진 이들은 도시의 이미지 형성에 긍정적 영향을 미치며 지역 경제의 성장에 기여하고 지역 문화를 풍부하게 만든다.93 이러한 창조 계급이 성수동에 모여들어 창조적 생산 활동을 통해 지역을 문화적인 공간으로 변화시키고 있다. 이뿐만 아니라 트렌디한 사람들, 소위 '힙쟁이'들이 모여들어 성수동을 힙한 지역으로 만들고 있다. 이러한 사람들의 지속적 노출과 활동은 성수동의 트렌디하고 힙한 이미지 형성에 상당한 역할을 한다. 이와 더불어 성수동의 이미지 형성에는 소셜 미디어의 역할도 크다. 소셜 미디어에서 힙한 장소를 방문한 경험이 자랑거리가 되어 다량으로 빠르게 확산되면서 지역의 장소성이 형성되는 과정과 방식이 변화한 것이다.94

이를 플라뇌르를 통해 들여다보자. 18세기 후반 유럽의 부르주아들은 드라이브나 산책을 삶의 일부로 즐겼다. 19세기에 접어들면서 도로와 교통 시스템이 개선되었다. 부르주아들은 궁정, 광장, 정원 등지에서 당시 고상한 행위로 여기던 산책을 즐겼다. 특히 19세기 파리는 오스망화Haussmannization로 대변되는 자본주의적인 도시화 과정을 겪으며 '스펙터클의 도시'로 변화했다. 발터 벤야민Walter Benjamin은 파리의 도시 공간이 산책로로 변화하며 많은 파리 시민이 산책에 참여하는 현상에 주목하며 샤를 피에르 보들레르Charles Baudelaire의 플라뇌르 개념을 확장했다. 도시에 고급 상점과 대형 백화점이 등장함에 따라 부르주아는 쇼윈도에 전시된 물건을 구경하며 도시를 누비는 것을 일상적인 활동으로 여겼다. 플라뇌르는 가스등이 밝게 켜진 도시 거리, 카페, 극장, 공원을 헤매며 대개 혼자 도시를 한가롭게 누비고 주변의 군중을 관찰하며 유행을 탐험하는 인물로 묘사된다. 이를 통해 플라뇌르는 대도시의 다양한 측면을 포착하고 참여적으로 경험하는 존재로 개념화되었다.[95] 이처럼 벤야민의 《아케이드 프로젝트Passage-Arcade Project》에 나타난 플라뇌르는 관상학자이자 댄디dandy였으며 수집가이자 탐정가였다.[96]

다시 말해 플라뇌르는 대로나 공원과 같은 공공장소에서 시간을 보내며 사람들과 패션을 관찰하는 도시 탐험가이자 거리의 감정가이면서 도시 생활의 관찰자이기도 했다. 플라뇌르의 '사람 구경'이라는 행위는 자신을 위해서뿐 아니라 의복을 통해 관찰자의 눈에 띄고 주목받기 위한 것이기도 했다. 따라서 패션을 스펙터클 혹은 구경할 거리로 인식하게 하는 데 기여했다. 플라뇌르는 19세기 파리에서 패션을 인식하고 경험하는 방식을 형성하는 데 중요한 역할을 했으며, 거리를 활보하는 플라뇌르는 파리의 패션 도시로서의 이미지를 형성하는 데 중요한 역할을 했다. 결과적으로 이들은 도시를 패션의 무대로 확장하여 의복을 도시 문화의 필수적인 부분으로 바꾸는 역할을 한 셈이다.

성수동의 활기찬 변화는 창조 계급과 플라뇌르 개념을 통해 살펴볼 수 있다. 창조 계급이 성수동에 집중되면서 도시는 창의성과 예술적 역량을 기반으로 한 사람들로 더욱 풍요로워졌다. 이들이 플라뇌르와 같이 성수동의 거리를 산책로처럼 거닐면서 지역에 예술성과 창의성을 덧씌움으로써 성수동은 힙하고 트렌디한 이미지를 갖게 되었을 것으로 보인다. 이렇듯 성수동의 인기는 제조업의 역사적 흔적과 현대적인 창의성이 조화를 이루어 만들어진 도시의 새로운 풍경을 바탕으로 한다.

힙스터의 성지, 힙스터의 역설

성수동을 검색하면 '힙스터의 성지'라는 문구를 빈번하게 발견할 수 있다. 과연 성수동을 찾는 이들을 '힙스터'라고 부를 수 있을까? 엄밀히 말해 하위문화의 일종인 힙스터Hispters는 성수동에서 주류를 이루는 힙한 사람들과는 구별된다. '더 많이 아는'이라는 뜻의 속어인 힙hip에서 파생된 힙스터는 1930~1940년대 아프리카계 미국인의 재즈 관련 취향과 라이프스타일을 모방하려는 젊은 백인 중산층 남성들 사이에서 시작되었다.**97** 이들은 재즈와 스윙 음악 등의 흑인 문화를 수용하며 '하얀 흑인white negro'이라고 불리었다. 힙스터들은 백인 주류 문화에 편승하기를 거부하는 모습을 통해 그들의 정체성을 구축하고자 하였으며, 규범적 가치 체계에 대한 저항적 성격을 드러내기 위해 은어를 사용하거나 지식을 과시하는 모습을 보였다.**98**

1990년대 후반, 힙스터는 당시 반세계화反世界化의 저항적 흐름과 경제적 변화에 영향을 받아 특정 가치관과 성향을 공유하는 20~30대 집단을 지칭했다. 이들은 뉴욕 브루클린을 중심으로 부상했고 주로 문화 예술 창조 산업 분야에서 활동하며 독특한 취향과 문화적 공감대를 형성했다. 특히, 힙스터들은 반反문화적인 성향으로 인해 주류 문화의 가치에 순응하지 않으며 소비주의, 상업주의, 빈부 격차의 심화, 기술 종속으로 인한 노동 윤리 및 인간성 상실에 저항하는 태도를 보인다.**99**

힙스터는 진정성을 중시하고 주류 문화를 거부하는 젊은 도시 중산층으로 묘사된다. 그러나 오늘날의 힙스터는 하위문화 집단으로서 의미가 퇴색 혹은 변화하여 절충적인 성향을 보인다.**100** 흥미로운 점은 원래의 힙스터는 소비문화로부터 독립적이었지만 현재는 자본주의적 풍조의 영향으로 소비문화에 흡수되었다는 것이다.[101] 이렇듯 이들은 지속적으로 변화하고 이동하기 때문에 이들을 명확하게 구분하거나 정의하기는 어렵다.[102] 현재의 힙스터는 '힙스터리즘Hipsterism'의 개념을 통해 좀 더 구체적으로 설명할 수 있다. 힙스터리즘은 힙스터의 취향이나 문화를 좇는 모습, 또는 그런 사람들의 생활 양식을 지칭하는데 오늘날에는 소비와 밀접하게 연관되어 있다. 윤리적인 소비, 의식적인 소비, 혹은 진정성을 추구하는 소비든 패션과 소비를 바탕으로 구성된 문화라고 할 수 있다.

따라서 성수동에 모이는 사람들은 힙스터라기보다는 '힙스터리즘을 추구하는 사람들'이라고 할 수 있다. 낙후된 성수동에 들어서기 시작한 초기의 젊은 창조 계급이 힙스터에 가까운 모습을 띠었을 것이다. 현재 대자본의 유입으로 변화한 성수동에는 힙스터를 모방한 흔적만 남아 '힙스터의 역설'이 나타나고 있다는 점이 흥미롭다. 대중문화를 거부하고 자신들의 독특한 취향과 스타일을 추구하는 힙스터의 하위문화가 아이러니하게도 새로운 대중문화의 형성으로 이어졌다. 이처럼 힙스터와 힙스터리즘에 대한 이해를 통해 성수동을 찾는 사람들이 추구하는 힙스터리즘의 열망과 특성을 살펴볼 필요가 있다.

한편 힙스터는 젠트리피케이션의 주체이자 피해자라는 점을 인식하지 못하거나 부인하기도 한다.[103] 힙스터 혹은 힙스터리즘을 열망하는 사람들이 선호하는 지역은 힙스터들의 취향과 가치를 반영하는 독특한 상권을 형성한다. 하지만 이에 따라 임대료가 상승하며 힙스터를 포함한 기존의 지역 주민이 밀려나는 젠트리피케이션을 초래하곤 한다. 또 힙스터 문화가 유입되면서 도시의 일부 지역이 변화하면, 그 변화는 다시 젠트리피케이션을 촉진하는 역할을 한다. 따라서 젠트리피케이션과 힙스터는 떼려야 뗄 수 없는 관계가 되었다.[104]

성수동의 과제,
젠트리피케이션

양날의 검, 젠트리피케이션

도시에서 일어나는 젠트리피케이션 현상은 긍정적이면서 부정적인 영향을 동시에 주는 양면성이 존재하므로 '양날의 검'이라고 표현한다. 긍정적인 측면에서는 지역의 갱신과 재활성화가 이뤄져 지방 정부의 세수입과 재정이 증대되고 새로운 계층이 유입되어 사회적 다양성이 증가한다. 부정적인 측면에서는 부동산 가격의 급등으로 임대료가 상승해 기존 주민들의 강제적인 이동이 이루어지고 주민들 간의 갈등과 불만이 높아지는 결과를 낳는다.[105] 특히 성수동과 같은 상업 지역의 젠트리피케이션은 지역 경제 기반의 부흥과 쇠퇴에 막대한 영향을 끼친다.

젠트리피케이션은 젠트리gentry라는 용어에서 유래한 단어로 젠트리는 토지 소유 계급 중 중산층을 의미한다. 영국의 사회학자 루스 글래스Ruth Glass가 1964년 '젠트리피케이션'이라는 용어를 처음으로 사용했다. 이 용어는 원래 도시 내에서 계급 간의 이동으로 인한 지역 사회의 변화를 설명하기 위해 사용됐다.[106] 지난 50여 년 동안 서구 젠트리피케이션에 대한 논의는 대부분 주택 지역에 초점을 두는 데 비해 우리나라에서는 상업 지역에서도 비슷한 현상이 일어나고 있다.[107] 특히 상업 지역이 재활성화되는 과정에서 창의적 계층이 유입되고, 이에 따라 문화 예술 콘텐츠가 늘면서 특별한 장소성이 주목받는 양상이 자주 보인다. 어떤 지역이 예술과 문화를 중심으로 이미지가 제고되고 활성화되면 '핫 플레이스'로 인식되어 더 많은 사람이 그 지역을 방문하고 자본의 유입이 일어나게 된다. 이는 예술과 문화의 부상이 도시의 변화를 이끄는 대표적인 과정이다.[108] 성수동 역시 이러한 '핫 플레이스'의 성장 과정을 밟았다고 해도 과언이 아니다.

한편 뉴욕의 소호 또한 성수동과 흡사한 젠트리피케이션을 겪었다. 일각에서는 이를 '시장 경제의 야만적 논리'로 비유하며 원래 순수하고 독창성을 가진 예술가 집단이 시장과 협력하는 자본주의적 집단으로 교체되었다고 주장했다. 소호 내 예술품의 생산과 판매가 고급 패션 소매업체 및 부동산 시장의 운영과 밀접하게 관련되어 있다는 것이다.[109] 이처럼 젠트리피케이션에는 문화·예술의 중심에 있는 패션이 중요한 비중을 차지한다. 또 다른 주목할 점은 일반적으로 젠트리피케이션이 진행되는 곳이 패셔너블한 지역으로 변하게 된다는 것이다.[110] 지역의 장소성, 소셜 미디어, 그리고 패션은 상호 작용하면서 젠트리피케이션을 가속할 수 있다. 패션은 패셔너블하고 트렌디한 이미지를 형성하고 지역을 대중화할 뿐 아니라 소셜 미디어를 통한 홍보와 노출을 통해 관광객과 소비자를 지속해서 유도한다.

패션은 젠트리피케이션을 촉진하는 촉매제이기도 하지만 반대로 젠트리피케이션은 해당 지역의 패션 업계 종사자들에게 영향을 끼치기도 한다.[111] 패션을 중심으로 한 젠트리피케이션은 도시의 DNA를 변형하는 '문화적 수술cultural surgery'로 주목받고 있다.[112] 도시의 정체성이 패션을 중심으로 한 젠트리피케이션에 의해 크게 변화된다는 것이다. 젠트리피케이션에 삶의 터전을 빼앗기는 사람 중에는 지역 주민뿐만 아니라 저렴한 비용에 매력을 느끼고 자리 잡은 소규모 브랜드의 패션 디자이너도 해당된다.

성수동의 인기가 과열되면서 임대료의 부담이 커지자 패션 브랜드를 포함한 중소형 브랜드 소상공인 매장들은 다른 지역으로 밀려나는 분위기다.[113] 젠트리피케이션이 일어나면 젊은 창의적 집단에게는 지역을 떠나는 것이 유일한 선택이 될 수도 있다. 요컨대 젠트리피케이션은 양날의 검이자 산업과 문화의 끊임없는 이동과 순환을 의미한다.

성수동, 어디로 가야 하는가?

럭셔리 플래그십 스토어의 유입은 젠트리피케이션

의 진행을 감지하는 중요한 지표라는 연구가 있다.[114] 성수동에 해외 럭셔리 브랜드 팝업 스토어가 급증하며 '명품 거리=청담'이라는 공식이 깨지고 있는데, 이는 한편 성수동에서 젠트리피케이션이 진행되고 있음을 나타낸다.[115] 이러한 팝업 스토어들은 인증샷을 찍는 방문객들로 붐비며 이들의 행위는 단순히 사진을 찍는 것에 그치지 않는다. 방문객들은 찍은 사진을 소셜 미디어에 업로드하며 이를 통해 빠르게 정보가 확산된다. 이렇게 확산된 사진을 보고 더 많은 사람이 관심을 가지며 이는 더 많은 자본의 유입을 촉진한다. 결국 이러한 일련의 과정들은 젠트리피케이션을 가속화하는 요인이 된다.

젠트리피케이션에 대한 우려가 커지면서 이에 대응하기 위한 제도적 대책이 논의되고 있다. 패션을 비롯해 문화 예술인을 위한 해외의 젠트리피케이션 대응 사례를 살펴보고자 한다. 앞서 언급했던 영국 런던 해크니 구의 쇼디치의 경우, 지역 내 경제 선순환 구조를 구축해 젠트리피케이션 문제를 해결했다. 쇼디치는 슬럼화되며 값싼 임대료를 찾던 젊은 창조 계급들이 유입되어 문화 예술 지역으로 변화했다. 더불어 공공디자인 측면에서 랜드마크 건축물을 건설하는 국가 주도의 재생 사업으로 도시는 활성화되었지만 이에 따라 임대료가 높아졌고 월세를 감당할 수 없던 기존 저소득자들은 떠날 수밖에 없었다. 이에 쇼디치는 문화 예술적인 장소성을 강화하는 데 주력했다. 쇼디치 개발 신탁과 해크니 협동조합회는 지역 사업을 통해 얻은 이익을 지역에 환원했다. 쇼디치 개발 신탁은 지역 주민의 고용을 촉진하여 지역 경제를 활성화했는데, 예를 들어 개발 신탁이 운영하는 식당에서 지역 주민을 고용하고 식당의 수익을 다시 쇼디치 지역 공동체 사업에 재투자했다. 또한 식당에서 사회적 자립이 필요한 지역 청년들을 요리사로 채용하여 사회적 책임을 수행하게 했다. 해크니 협동조합회는 지방 정부와 기업의 임대 기부로 마련한 건물과 광장을 지역 사회에 다시 임대했다. 임대료 수익은 지역 주민의 문화 사업과 지역 커뮤니티 지원에 사용되었다.**116** 더불어 해크니 자치구는 쇼디치의 문화 산업과 창조 산업을 활성화하기 위해 지역 축제와 창업을 적극적으로 지원했다. 이후 신생 벤처 회사들과 기존의 지역 주민 그리고 예술가의 문화가 공생하면서 쇼디치는 런던의 문화 예술 및 정보 산업의 중심지로 부상했다.**117**

또 다른 사례로 캐나다 몬트리올시 마일 엔드Mile End는 섬유 산업의 쇠퇴로 인해 공장 건물이 공실이 된 지역이다. 이곳 역시 낮은 임대료로 인해 전국에서 많은 예술가가 모여들었다. 그러나 2008년 몬트리올시가 도시 재생을 위해 마일 엔드를 비롯한 생비아퇴르 동부 지역에 투자하면서 집세가 상승하기 시작했다. 이에 대한 대안으로, 예술가들은 주택 협동조합을 조성하여 주거용 및 작업용 공간을 공동으로 이용하는 방식을 채택했다. 이들은 적절한 임대료로 공간을 배정받고 공동 운영 형태의 집단 기업을 형성했다. 이러한 노력으로 몬트리올의 예술가들은 비교적 저렴한 비용으로 주거와 작업을 동시에 이어갈 수 있었다. 주거지와 작업실의 통합은 예술가들에게 창의적인 작업을 확장하고 지역 사회에 이바지하는 효과로 이어졌다.[118]

성수동은 젠트리피케이션이 진행되고 있지만 독특하게도 아직 상업적 번영과 함께 장소성을 유지하고 있다. 그러나 성장과 발전에 따른 고밀화 현상이 지역에 변화를 일으키고 있다는 점을 간과할 수 없다. 성수동이 독특한 장소성을 유지하기 위해서는 많은 과제가 놓여 있다. 성수동 특유의 매력과 역동성을 유지하면서도 변화에 적응하기 위한 고민이 필요하다.

에필로그

서울 속 패션 투어리즘

패션의 관점에서 서울을 바라보는 이 책은 패션 투어리즘에서의 서울의 가능성을 제시했다. 서울 곳곳에 담긴 《유행과 전통 사이, 서울 패션 이야기》는 서울의 유구한 역사를 바탕으로 '캣워크 경제catwalk economy'[119]의 잠재력을 설명한다.[120] 패션은 높은 부가 가치를 지닌 산업으로 도시 관광의 매력적인 요소로 작용하기 때문이다. 패션의 트렌디하고 세련된 이미지가 관광객으로 하여금 도시를 방문하고 싶게 만들고 숙박, 쇼핑, 다이닝 등 다양한 소비를 유도해 도시 경제에 긍정적인 영향을 미친다.[121] 실제 K-패션을 포함한 K-컬처를 경험하기 위해 서울을 방문하는 외국인 관광객이 매해 증가하고 있다. 외국인 관광객들이 체험 한복을 입고 고궁을 방문하며 우리나라의 패션을 경험하기 위해 서울의 패션 디스트릭트를 찾는 현상이 그 예다. 이를 반영하듯 정부 역시 'K-컬처가 이끄는 국가 도약, 국민 행복'을 비전으로 세우는가 하면, 한류를 넘어 K-컬처의 영향력을 강조하기 위해 '신新한류'

라는 단어를 사용한다.

2022년 9월 영국 런던의 빅토리아 앤 앨버트 박물관Victoria and Albert Museum에서 〈한류! 코리안 웨이브Hallyu! The Korean Wave〉라는 전시가 열렸다. 전시 입장권은 첫날부터 매진되었고 가디언The Guardian, BBC, 텔레그래프The Telegraph 같은 주요 언론사가 이를 소개했다. 전시는 그야말로 성공적이었다. 여기서는 K-팝 뮤직비디오, 드라마, 영화 등 우리나라의 대중문화를 비롯하여 K-패션 및 K-뷰티도 다루었다. 나아가 조선 시대 한복과 K-팝스타가 입었던 한복 의상을 소개했다.

이처럼 세계적인 주목을 받고 있는 우리 문화가 국내 관광 산업에 미치는 영향을 고려할 때《유행과 전통 사이, 서울 패션 이야기》는 패션 문화의 시각으로 서울을 바라봄으로써 패션 투어리즘의 가능성을 다루었다.

서울은 K-컬처의 인기에 힘입어 패션 투어리즘의 장소로 성장하고 있지만, 서울이 글로벌 패션 도시로 자리매김하기 위해서는 아직 해결해야 할 과제가 많다. 관광객이 K-패션을 소비하는 방식은 브랜드 쇼핑에 머무르고 있으며, K-패션의 전통과 현재, 제조와 디자인 등 여러 맥락을 경험할 수 있는 공간이 없다. 이에 패션 투어리즘을 통해 K-패션에 대한 경험을 다양화해야 한다. 최근에는 광장 시장의 길거리 음식 문화가 한 스트리밍 플랫폼을 통해 화제가 되며 외국인 관광객 사이에서 상당한 인기를 끌고 있을 뿐만 아니라 이색적인 외관의 동대문디자인플라자DDP는 서울패션위크 기간마다 내외국인들 사이에서 '인스타그래머블'한 장소로 주목받고 있다. 무엇보다도 인접한 동대문은 국내 의류 산업에서 상징적인 장소다. 여러 관광 요소를 갖췄음에도 동대문에는 관광객이 머물만한 환경이 마련되어 있지 않다. 예를 들어, 광장 시장의 길거리 음식 문화를 즐기러 온 관광객의 소비가 이곳에서 판매되는 전통 한복이나 옷감의 구입으로 이어지지 않는다. 동대문 시장 역시 관광객이 면세품 구입을 위해 방문할 뿐 동대문의 정체성과 헤리티지 그리고 가먼트 디스트릭트로서의 역할을 관찰하기 어렵다. 이러한 가운데 카페와 디저트 상점이 곳곳에 문을 열어 기존의 의류 업체들을 밀어내며 젠트리피케이션의 징조를 보인다. 정부가 의류 업계 및 학계의 전문 인력을 중심으로 동대문 시장을 재활성화하고 우리나라 패션을 홍보하기 위한 노력을 기울이고 있지만 이렇다 할 성과가 아직 나오고 있지 않다.

서울이 세계적인 패션 도시로 발돋움하기 위해서는 지역별로 나타나는 패션과 관련된 장소성을 살려 서울의 패션 투어리즘을 활성화할 필요가 있다. 패션 투어리즘은 도시 곳곳에 얽힌 패션의 역사를 기억하고, 지역 의류 산업의 위상을 홍보하기 위한 효과적인 방법이다. 따라서 서울의 패션 투어리즘은 서울을 패션 도시로 브랜딩하는 과정으로 이해할 수 있다. 예를 들어 동대문 시장의 원단 도소매업은 우리나라가 섬유 강국으로 발전하며 성장했던 내러티브를 담고 있기에 투어리즘으로 확대될 충분한 가능성을 지니고 있다. 다만, 동대문 원단 시장은 외부인이 접근하기에 다소 어려운 점이 있다. 시장에서만 사용하는 용어나 일부 상인들의 배타적인 태도는 외국인이나 일반 소비자, 심지어 패션을 전공하는 학생들에게도 장벽이 되기 때문이다. 이태원을 다룬 장에서 언급한 바와 같이 이태원의 의류 상권은 다양한 외국인을 상대하는

'세일즈 퍼슨'을 고용하며 패션 투어리즘의 대표적인 지역으로 전성기를 누리는 데 일조했다. 팬데믹 이전의 명동도 마찬가지였다. 즉, 이태원과 명동이 많은 방문객의 발걸음을 유도할 수 있었던 배경으로 높은 접근성과 환대하는 분위기를 꼽을 수 있다. 동대문 새벽 시장의 도소매 상권도 같은 맥락으로 접근한다면 방문객에게는 이색적인 체험을, 상인에게는 경제적 이득을 가져올 수 있을 것으로 예상된다. 더불어 패션 도시로서의 정당성을 제공하는 패션 전시의 개최도 필요하다. 패션 전시는 관광객을 포함한 대중뿐만 아니라, 학계와 업계에 서울을 패션과 결부하여 바라보는 기회를 제공할 것이다.

패션 투어리즘에는 정부의 적극적인 추진과 홍보가 필요하며, 지역 상인 및 의류 산업 내 다양한 주체들의 협력과 소통 그리고 민간 기업의 참여가 필요하다. 현재의 한계를 가능성으로 바라보는 시각과 변화의 의지가 있다면, 이 책의 각 장에서 살펴본 것처럼 서울이 패션 도시로 성장한 가능성은 충분하다.

패션 도시로 발전하는 것은 도시에 많은 이점을 가져다주지만,

양면성을 지니고 있기에 부정적인 영향도 고려해야 한다. 패셔너블한 이미지를 구축한 지역은 거대 자본의 유입으로 인해 과도한 상업화를 유발할 수 있다. 많은 사람이 모여드는 지역에서는 빠르게 변화하는 유행에 발맞춰 그에 맞는 제품과 서비스를 제공한다. 이는 특히 패션 브랜드를 비롯한 다양한 업종이 모여 핫 플레이스가 되는 곳에서 두드러지게 나타난다. 소비자들은 더 많은 제품을 구매하고 새로운 트렌드를 따라가려는 경향이 있기에 결과적으로 그러한 소비자를 따라 많은 자본이 유입되어 과도한 상업화를 초래할 수 있다.

더불어 패셔너블한 지역에서는 젠트리피케이션이 발생할 가능성이 큰데 이는 지역 사회의 주거 문제 및 산업 구조의 악화로 이어질 수 있다. 영국의 지리학자 닐 스미스Neil Smith는 도시 재생을 젠트리피케이션의 '사탕발림 표현'이라고 언급했다. 그 이유는 낙후되었던 구도심 지역이 핫 플레이스로 떠오르며 자본과 인구가 유입되는 도시 재생이라는 과정에서 젠트리피케이션이 필연적으로 따라오기 때문이다.[122] 자본주의 시장 경제 사회에서 젠트리피케이션 없이 도시를 개발한다는 것이 불가능에 가깝다는 것이다. 5장에 다루었던 성수동은 젠트리피케이션으로 인한 문제의 우려가 제기되는 지역이다. 젠트리피케이션은 지역 주민들의 안정성을 해치는 요인이 될 수 있으며 지역 정체성을 획일화할 수 있다.

패션 도시의 지속 가능한 발전을 위해서는 맹목적으로 활성화를 추구하는 것이 아니라 사회적, 문화적, 경제적 측면에서의 균형 잡힌 접근이 필요하다. 이를 통해 도시는 패션을 통한 발전을 꾀하면서도 그에 따른 부정적인 영향을 최소화할 수 있을 것이다.

이렇게 우리는 서울의 곳곳을 살펴보며 패션 투어리즘을 통해 서울이 패션 도시로 성장할 가능성을 들여다보았다. 패션이라는 주제는 서울의 역사와 문화, 경제, 젠더, 계급 등 다양한 영역을 관통한다. 전통 복식 문화를 통해 조선의 시대상을 볼 수 있고, 의류 산업의 역사를 통해 서울의 근현대사와 우리나라 경제 성장을 살필 수 있다. 더불어 패션은 노동 문제나 다양성과 같은 사회적 화두와 연결되었고 문화가 확산하는 양상을 설명할 수 있으며 낙후된 지역을 변화시키는 도시 재생의 효과적인 도구이기도 하다. 이처럼 패션은 사회와 도시를 들여다보는 탁월한 렌즈다.

우리는 흔히 패션을 빠르게 바뀌는 트렌드의 맥락에서 이해한다. 가볍고 덧없는 것, 물질적이고 소비주의적인 것은 패션의 본질이다. 한편, 패션은 삶과 사회 전반에 존재하므로 여러 사회문화적 주제를 관통하는 중요한 키워드다. 우리는 매일 옷을 입고 복식을 통해 정체성을 표현하며 누구나 패션을 즐길 수 있는 사회에서 살아가고 있다. 즉 패션은 광범위하게 관찰되는 사회문화적 현상으로 우리 주변의 물질적인 영역과 비물질적인 영역 모두를 아우른다.[123] 지금까지 살펴본 것처럼 패션은 역사, 사회, 문화 등 다방면의 담론을 끌어낼 수 있는 주제다. 시대정신을 반영하고 대중의 큰 관심을 받는 패션은 투어리즘에서도 비중 있게 다루어야 할 주제다.

무엇이 서울을 패셔너블한 도시로 만드는가? 이 질문이 바로 이 책의 출발점이었다. 많은 미디어 채널에서 세계가 열광하는 K-패션을 비롯한 K-컬처에 대한 이미지를 끊임없이 재생산하고 있다. 그러나 진정한 의미에서 K-패션이 자리 잡기 위해서는 외면으로 나타나는 유행 스타일을 분석하고 패션 산업의 청사진을 제시하기 이전에 복식에 얽힌 역사와 정체성, 패션 콘텐츠가 내포하는 문화적 의미의 고찰이 선행되어야 한다. 이러한 맥락에서 이 책의 저자들은 서울에 숨겨진 패션 이야기를 알리는 일이 필요한 작업이라고 생각했다.

서울의 패션을 논한 책들은 많았지만, 패션 디스트릭트로서의 서울의 각 지역에서 이루어졌던 유행의 발생과 전개, 의류 산업의 성장과 정체 그리고 화려함의 이면에 존재하는 문제점을 아우르는 저서는 부족했다. 저자들은 많은 시행착오를 거치며 이 책을 완성했다. 서울에 대한 조사 보고서들과 근대 시기의 신문을 읽고 상인과 관광객을 인터뷰했으며 완성된 원고를 원점으로 돌리고 기획부터 다시 시작하는 시간을 보내기도 했다. 패션을 통해 서울을 새롭게 바라볼 수 있는 이야기를 전달하기 위해 저자들이 나눈 치열한 고민이 독자들에게 전달되기를 바란다. 아울러 패션을 통해 이야기할 수 있는 서울은 아직 무궁무진하다. 럭셔리 패션의 중심 압구정, 하위문화의 상징 홍대, 아현동의 웨딩타운까지 서울에는 이 책에서 미처 이야기하지 못한 많은 패션 플레이스가 존재하고 또 다른 가능성을 품고 있는 포스트 패션 핫 플레이스들도 꿈틀거리고 있다. 앞으로 서울 외의 다양한 지역의 패션 이야기도 전할 기회가 있기를 기대한다.

마지막으로 이 책을 위해 함께 고민해주었던 김태엽 선생님께 감사드린다.

용어 해설

가먼트 디스트릭트garment district 패션 클러스터보다 작은 범위로 원단, 부자재, 봉제 등 주로 의류 제조 관련 업체들이 집약되어 있는 구역을 말한다.

각반 걸음을 걸을 때 발목 부분을 가뜬하게 하기 위하여 발목에서부터 무릎 아래까지 돌려 감거나 싸는 띠.

개화꾼 머리를 짧게 자르고 양복을 착용하는 등 개화한 사람을 낮잡아 부르던 명칭.

납폐納幣 폐물을 보낸다는 뜻으로 전통 혼례에서 혼인이 성립되었음을 나타내기 위해 신랑이 신부에게 혼서지와 함께 옷감 등의 예물을 보내는 의식이다. 흔히 '함 보내기'와 '함 받기' 절차로 알려져 있다.

내러티브narrative 스토리에 표현 방식을 덧입힌 것으로, 스토리의 사건뿐만 아니라 사건이 구조화되고 제시되는 방식을 포괄하는 개념이다. 패션에서 내러티브는 디자인뿐 아니라 프레젠테이션과 미디어를 통해 전달되는 아이디어, 감성, 문화적 맥락 등을 아우른다.

답호 고려 시대와 조선 시대에 남성들이 겉옷 위에 덧입는 포의 일종이다. 밑이 길고 소매가 없거나 반소매 형태로, 안에 입은 포의 소매가 드러나는 것이 특징이다.

당혜唐鞋 조선 시대에 주로 여성이 신던 신코가 살짝 올라간 형태의 신발로 신코와 뒤축에 당초문唐草紋 장식이 있다.

대봉 다량의 의류를 운반할 때 쓰이는 대형 비닐 봉지.

대삼작노리개 노리개는 저고리의 고름이나 치마 허리에 차는 장신구로 일반적으로 주체가 되는 패물과 매듭 및 술 장식으로 구성되어 있다. 조선 시대 궁중에서는 여성 예복의 등급에 따라 재료와 크기에 차이를 두고 사용했는데 대삼작노리개는 가장 중대한 의식에 입는 대례복에 착용하는 것이다. 옥나비 한 쌍, 산호가지, 밀화불수와 같이 가장 호화로운 재료가 사용된다.

배자 저고리 위에 입는 덧옷으로 일반적으로 소매가 짧거나 없고 섶이나 고름도 없는 간편한 조끼 형태다.

보깅voguing 1980년대 후반, 뉴욕 할렘의 볼룸 씬ballroom scene에서 등장한 댄스 스타일로, 패션 모델들이 런웨이에서 취하는 포즈를 극적이고 정교하게 모방하거나 재해석한 움직임이 특징이다.

보헤미안Bohemians 속세의 관습이나 규율 따위를 무시하고 방랑하면서 자유분방한 삶을 사는 시인이나 예술가.

볼룸 씬 주로 LGBTQ+ 커뮤니티, 특히 흑인과 라틴계 구성원들이 주도하는 뉴욕의 하위문화로 춤, 패션쇼, 립싱크 퍼포먼스 등 다양한 카테고리의 경연대회를 포함하는 이벤트.

상향 전파 이론 유행이 사회 조직의 낮은 계층에 의하여 채택되었다가 점차 높은 계층으로 이동하여 수용된다는 이론.

쇼핑 투어리즘shopping tourism 쇼핑shopping과 투어리즘tourism이 합쳐진 단어로, 패션 산업에서 확장된 창조 산업의 영역이다. 다양한 일자리 창출과 외국인 관광객 방문을 통해 도시 이미지 제고 및 부의 창출이라는 긍정적인 영향을 끼친다고 알려져 있다. 면세 상품, 전통 상품, 로컬 상품, 럭셔리 상품 등 쇼핑을 통해 문화 경험을 장려하는 도시 활성화의 방법이다.

수혜繡鞋 조선 시대 여성용 신발 중 여러 무늬로 자수를 놓아 장식한 것을 말한다.

스와치swatch 원단의 퀄리티와 컬러를 확인할 수 있고 주문을 위한 정보가 적혀있는 작은 사이즈의 샘플.

스웨트숍sweatshop 1830~1850년대 산업혁명 시기 영국에서 처음 사용된 단어다. 당시 의류 공장에서 땀 흘리며 일하는 노동자들은 '스웨터sweaters'라 불렸는데, 이들의 열악한 작업 공간 혹은 시스템을 '스웨트숍' 또는 '스웨트시스템sweat system'이라고 부르기 시작했다.

신기성novelty 기존에 보거나 경험하지 못한 새로움, 독특함 혹은 혁신성. 관광학에서 신기성이란 관광객이 방문하는 관광지에서 느끼는 새로움을 의미한다.

아메리칸 룩 American look 20세기 중반 미국에서 등장한 스타일이다. 실용성, 편안함 그리고 단순함에 중점을 두어 당시 화려하고 격식을 차리던 유럽 패션과 차별화되는 특징을 가지고 있다.

아메리칸 스포츠웨어 American sportswear 글로벌 패션 실무에서 사용하는 '스포츠웨어sportswear'는 운동복이라는 일반적인 의미와는 달리, 세퍼레이트separates, 즉 낱개의 아이템 위주의 모든 복종을 지칭한다. 즉, 서로 쉽게 호환이 가능한 아이템으로 룩을 완성하는 디자인 기획이다. 스포츠웨어는 원래 20세기 초중반 스포츠 경기에서 입는 기능적인 의복으로 출발하였으나, 스포츠가 일상에 미치는 영향이 커지고 일상복이 점차 캐주얼하고 편안하게 변화하면서 이 단어에서 '운동복'의 의미는 점차 사라지게 되었다. 특히 스포츠웨어 개념의 변화는 1960년대 미국에서 등장한 유통 형태인 몰mall과 밀접한 관련이 있다. 몰에는 한 층에 비슷한 복종을 판매하는 여러 매장이 있으므로 소비자들은 여러 브랜드의 매장을 오가며 각각의 아이템을 구입하고, 스스로 조합하여 입을 수 있게 되었다. 이에 패션 브랜드는 소비자가 원하는 대로 스타일링을 할 수 있는 방식의 세퍼레이트 위주의 디자인 기획을 전개하기 시작했다. 현재 스포츠웨어라는 실무용어는 격식을 갖추는 자리에서 착용하는 이브닝웨어evening wear까지 포함하여, 세퍼레이트로 판매되는 모든 복종을 지칭하고 있으며, 운동복은 액티브웨어active wear라고 부른다.

어트랙션attraction 투어리즘의 맥락에서 '어트랙션'은 역사, 문화, 자연, 오락 등 다양한 경험을 제공하여 방문객을 끌어들이는 장소 및 행사를 의미한다.

업사이클링upcycling 버려지거나 쓸모없어진 물건을 창의적이고 가치 있는 새로운 제품으로 재탄생시키는 과정. 환경 보호와 자원 절약에 이바지하는 한편 독특하고 창의적인 제품을 만들어내는 업사이클링은 지속 가능한 패션의 방법으로 주목받고 있다.

온디맨드On-demand 소비자가 요청하거나 업체가 필요할 때 언제든지 사용하거나 (재)생산할 수 있는 서비스나 제품을 의미한다. 시장의 동향과 소비자의 니즈needs에 신속하게 대응하여 단시간에 생산 및 판매할 수 있는 편리하고 유연한 시스템을 뜻한다.

육의전六矣廛 조선 시대 종로의 시장인 시전市廛 중 모시, 명주, 무명, 비단, 종이, 생선 여섯 가지 품목을 취급하는 상점으로 일반 상점과 달리 품목에 대한 독점권을 가지고 있었다.

이리자 한복을 현대화하고 국제적으로 알린 1세대 한복 디자이너이자 한복 연구가. 1975년에 최초로 한복 발표회를 열고 실용적인 한복 패턴을 개발하였다. 세계 미인대회와 국가 행사용 한복을 디자인하여 한복을 국제적으로 알리는 데 일조한 것으로 평가받는다.

이커머스e-commerce 일렉트로닉 커머스electronic commerce의 줄임말로 한국에서 흔히 얘기하는 '온라인 쇼핑몰'을 통한 인터넷 상의 상업활동을 뜻한다.

인스타그래머블Instagrammable '인스타그램에 올릴 만한'의 뜻으로 소셜미디어 플랫폼인 인스타그램에서 주목과 참여를 끌어낼 가능성이 있는 소재나 장소를 의미한다. 이는 타인에게 드러내거나 '브래깅bragging', 즉 자랑하고 싶은 요소라는 의미를 내포하고 있으며, 주로 미적으로 매력있고 독특하거나 현재 유행 중인 것들을 포함한다.

인프라스트럭처infrastructure 기반 시설.

중치막中致莫 조선 시대 남성들이 외출할 때나 의례용으로 착용하던 겉옷. 넓은 소매에 앞은 두 자락 뒤는 한 자락이며 양옆이 터져 있다.

철릭 원피스 드레스 전통복식 중 상의와 하의가 붙어있는 형태인 철릭을 응용하여 제작한 신한복의 일종. 한국에서 흔히 윗옷과 아래옷(치마)이 연결된 옷을 뜻하는 '원피스one-piece'라는 단어는 잘못된 영어 표현이며, '드레스dress'

가 맞는 표현이다.

크로스드레싱cross-dressing 남성이 여성의 옷을 입거나 여성이 남성의 옷을 입는 행위.

태사혜太史鞋 조선 시대에 남성들이 신던 신울이 낮은 신발로 둥글로 평평한 신코에 태사문太史紋 아플리케 장식이 있다.

테너먼트tenement 19세기 후반과 20세기 초에 주로 건설된 다수의 노동자 계층과 이민자 가족들이 거주하던 다가구 주택의 대표적인 한 형태.

트렌드세터trendsetter 유행을 창조하거나 선도하는 사람들.

팝업 스토어pop-up store 사람들이 붐비는 장소에서 신상품을 비롯한 특정 제품을 일정 기간 동안만 판매하고 사라지는 매장.

패스트 패션fast fashion 20세기 후반 등장한 패스트 패션은 유명 디자이너 및 럭셔리 브랜드의 컬렉션을 모방하여 낮은 품질과 가격의 의류를 빠르게 생산하는 의류 생산구조를 뜻한다. 패스트 패션 브랜드는 새로운 트렌드를 저렴한 가격에 끝없이 제공하여 소비자들이 계속해서 더 많은 의류를 구매하도록 장려하며 쉽게 버려지는 의류의 확산을 가져왔다. 그 결과, 과도한 생산을 통한 환경오염 문제부터 의류 노동자 착취에 이르는 다양한 부정적 결과를 초래하며 세계적으로 문제가 되고 있다.

패션 디스트릭트fashion district '패션 지구'로 번역할 수 있다. 패션 상점이 밀집해 있고 패션 소비 또는 패션과 밀접하게 관련된 다양한 활동이 활발히 이루어지는 지역을 의미한다.

패션 위크fashion week 디자이너들이 작품을 발표하는 패션쇼가 집중적으로 열리는 주간을 이르는 말.

패션 클러스터fashion cluster 패션 브랜드, 제조, 유통, 판매, 마케팅, 교육 등 패션 산업과 관련된 업체들이 지리적으로 광범위하게 집적되어 있는 곳을 일컫는다. 패션 클러스터는 유기적인 생태계를 형성하고 기업 간 혁신, 협력 및 성장을 이끌어내는 역할을 한다.

패션 헤리티지fashion heritage 패션과 관련된 전통 및 유산.

풀필먼트fulfillment 물류 기업에서 판매자를 대신해 상품 준비, 검수, 포장, 배송까지 일괄 처리하는 유통 대행 서비스.

플라뇌르flâneur 샤를 피에르 브들레르Charles Pierre Baudelaire의 저작에서 탄생한 개념으로, 발터 벤야민Walter Benjamin이 〈아케이드 프로젝트Passage-Arcade Project〉에서 이를 확장시켰다. 플라뇌르는 가스등이 밝게 켜진 도시 거리, 카페, 극장, 공원을 헤매며 대개 혼자 도시를 한가롭게 누비고 주변의 군중을 관찰하며 유행을 탐험하는 인물로 묘사된다.

하향 전파 이론 유행이 사회 조직의 높은 계층에 의해 채택되었다가 점차 낮은 계층으로 이동되어 수용된다는 이론.

히피hippies 기성의 가치관·제도·사회적 관습을 부정하고, 인간성의 회복과 자연과의 직접적인 교감 등을 주장하며 자유로운 생활 양식을 추구하는 젊은 이들. 1960년대 후반부터 미국을 중심으로 생겨나 전 세계로 퍼졌다.

힙스터hipsters 1930~1940년대 주류문화에 편승하기를 거부하며 아프리카계 미국인의 재즈에 열광하면서 그들의 취향과 라이프스타일을 모방하려는 젊은 백인 중산층 남성들 사이에서 시작됐다. 현재는 진정성을 중시하고 주류문화를 거부하는 젊은 도시 중산층으로 묘사되며, 하위문화 집단으로서 의미가 퇴색 혹은 변화하여 절충적인 성향을 보인다.

참고문헌

1   서울생활사박물관. (2021). (패션으로 보는) 서울의 문화지형도. 서울: 서울생활사박물관.

2   한국지역인문자원연구소. (2018). 한복인문학사전. 안동: 경상북도.

3   박관규. (2015. 6. 6). 프랜차이즈의 공습… 종로 주단거리 몰락. 한국일보.
    https://www.hankookilbo.com/News/Read/201506060450138363

4   박상훈, & 유기현. (2021). '감성정보 분석방법'을 활용한 전통시장 매력요인
    분석 연구: 종로구 광장시장을 대상으로. 도시 행정 학보, 34(1), 59-77.

5   유성호. (2016. 8. 24). [서울미래유산 역사탐방] 근현대 유통 핵심지 종로5
    가…111년 패션 1번지 광장시장…상인정신 숨쉬는 방산 · 중부시장. 서울신
    문. https://www.seoul.co.kr/news/newsView.php?id=20160824014001

6   이기환. (2023. 10. 24.). 200년 조선의 패션 리더 '별감', 서울을 '붉은 옷'으
    로 물들였다. 경향신문. https://www.khan.co.kr/culture/scholarship-heritage/
    article/202310240500001

7   정태선. (2016. 4. 25). '돈화문로, 왕의 길에서 오늘의 서울을 보다' 사진 전시.
    이데일리. https://www.edaily.co.kr/news/read?newsId=02909366612619728&
    mediaCodeNo=257&OutLnkChk=Y

8   조선희. (2022). 근대 조선 기생복식 문화에 관한 연구. 일본근대학연구, 75,
    207-232.

9   최준식. (2018). 익선동 이야기. 서울: 주류성.

10 서울생활사박물관. (2021). 같은 책.

11 김다민. (2022). 문화정체성 관점에서 문화접변에 따른 혼수한복 디자인의 변
    화양상 연구. [박사학위논문] 중앙대학교.

12 박상훈, & 유기현. (2021). 같은 논문.

13 김다민. (2022). 같은 논문.

14 김다민. (2022). 같은 논문.

15 홍나영, & 최혜경. (2001). 서울지역의 혼수 및 예단 풍속에 관한 연구: 일제 말부터 현재까지. 서울학연구, 17, 179-228.

16 서울생활사박물관. (2021). 같은 책.

17 한국지역인문자원연구소. (2018). 같은 책.

18 한국지역인문자원연구소. (2018). 같은 책.

19 서울생활사박물관. (2021). 같은 책.

20 장경희. (2015). 조선왕실의궤를 통한 장인 연구의 현황과 과제. 역사민속학, 47, 81-112.

21 장경희. (2015). 같은 논문.

22 장경희. (2014). 조선후기 여성장인의 장색(匠色)과 직역(職役) 연구: 의궤(儀軌)의 분석을 중심으로. 여성과 역사, 20, 97-140.

23 고연희 외. (2023). 동아시아 미술, 젠더로 읽다. 서울: 혜화1117.

24 KOSIS 국가통계포털. (2022). 4대 궁 및 종묘 한복 착용 관람객 현황. https://kosis.kr/statHtml/statHtml.do?orgId=150&tblId=DT_150002_B01&vw_cd=MT_OTITLE&list_id=150_150002_30_001&scrId=&seqNo=&lang_mode=ko&obj_var_id=&itm_id=&conn_path=K2&path=%252Fcommon%252Fmeta_onedepth.jsp

25 Hongbo Liu, & Xiang Li. (2021). How travel earns us bragging rights: A qualitative inquiry and conceptualization of travel bragging rights. *Journal of Travel Research, 60*(8), 1635-1653.

26 Kyung-Yur Lee, & Hoon Lee. (2019). Traditional costume experience at a cultural heritage festival. *Tourism Management Perspectives*, 32, Article ID: 100555.

27 박희선. (2019). 2010년대 이후 놀이한복 대여점 연구. [석사학위논문] 한국학중앙연구원.

28 Hyounggon Kim, & Tazim Jamal. (2007). Touristic quest for existential authenticity. *Annals of tourism research, 34*(1), 181-201.

29 Kyung-Yur Lee, & Hoon Lee. (2019). 같은 논문.

30 이경여, 박미숙, & 김지선. (2020). 역사문화축제에서 전통의상 체험이 실존적 진정성과 축제 만족에 미치는 영향. 관광레저연구, 32(4), 65-84.

31 Daniel C. Bello, & Michael J. Etzel. (1985). The role of novelty in the pleasure travel experience. *Journal of Travel Research, 24*(1), 20-26.

32 윤혜진. (2018). 역사문화관광지 한복체험 이벤트의 동기와 의미: 10대, 20대 여성 방문객을 중심으로. 이벤트 컨벤션 연구, 14(4), 1-21.

33 이영욱. (2019. 9. 16). 한복 입고 즐기는 도시 만드는데 앞장. 매일경제. https://www.mk.co.kr/news/society/8982210

34 박희선. (2019). 같은 논문.
    노지현. (2017. 8. 10). 고궁앞 대여 한복, 전통 '우리 옷' 맞나요?. 동아일보. https://www.donga.com/news/article/all/20170810/85761244/1

35 노컷뉴스. (2018. 9. 13). 대여용 반짝이 한복입고 고궁 입장하면 안되나요?. 노컷뉴스. https://www.nocutnews.co.kr/news/5031441
    김설아. (2019. 1. 31). 정말 좋다는데… '한복'을 보는 두가지 시선. MoneyS. https://moneys.mt.co.kr/news/mwView.php?no=2019012221028057771

36 노지현. (2017. 8. 10). 같은 글.
    김설아. (2019. 1. 31). 같은 글.

37 이창수. (2017. 4. 9). "정말 공주가 된 것 같아요"… 한복에 빠진 사람들. 세계일보. https://www.segye.com/newsView/20170407002392

김설아. (2019. 1. 31). 같은 글.

38 장호영, 장병권, & 이훈. (2017). 한복을 입은 고궁관광객들의 체험 구조분석: 경복궁 방문자를 대상으로. 관광연구논총, 29(3), 125-146.

39 전성연, & 성종상. (2017). 경관 프로슈머로서 한복나들이 향유계층과 방문 장소 특성 연구: 경복궁을 대상으로. 한국조경학회지, 45(3), 80-91.

40 서울생활사박물관. (2021). 서울 멋쟁이. 서울: 서울생활사박물관.

41 한경구. (2014). Seoul, Seoul, Seoul. 서울: 한림출판사.

42 김천. (2019. 5. 20). 창신동엔 얼마나 많은 봉제공장이 있을까?. 주간경향. https://weekly.khan.co.kr/khnm.html?mode=view&art_id=201905101717291

43 김미선. (2012). 명동 아가씨: 근현대 여성 공간의 탄생. 서울: 마음산책.

44 서울특별시사편찬위원회. (2010). 서울 토박이의 사대문 안 기억. 서울: 서울 특별시사편찬위원회.

45 박찬효. (2023). 1950년대 직업여성의 재현, 계몽의 대상과 독립적 주체 '사이': 임옥인의 『젊은 설계도』(1958), '패션 디자이너'를 중심으로. 한국근대문학연구, 24(2), 115-143.

46 홍정욱. (2017). 명동 역사 속 문화적 재구성. 글로벌문화콘텐츠, 27, 147-165. 국가유산청. (2010. 10. 14). 다방, 100년 전 커피 한 잔의 추억을 더듬다. 국가유산사랑. https://www.cha.go.kr/cop/bbs/selectBoardArticle.do?nttId=6062&bsId=BBSMSTR_1008

47 Adam Geczy, & Vicki Karaminas. (2012). *Fashion and art*. London & New York: Berg.

48 딕 헵디지. (1998). 하위문화: 스타일의 의미. (이동연 옮김). 서울: 현실문화 연구.

49 전우용. (2018. 7. 4). [전우용의 현대를 만든 물건들] 기성복. 한겨레. https://

www.hani.co.kr/arti/opinion/column/851926.html

50 김미선. (2012). 같은 책.

51 홍정욱. (2017). 같은 논문.

52 이하나, & 이예영. (2015). 1970년대 한국의 이상적 여성상과 패션. 한국의류
학회지, 39(5), 641-655.

53 예민희, & 임은혁. (2019). 패션투어리즘에서의 패션박물관의 역할. 패션 비
즈니스, 23(2), 34-47.

54 예민희, & 임은혁. (2019). 같은 논문.

55 예민희, & 임은혁. (2019). 같은 논문.

56 Marie Riegels Melchior. (2012). Vanity fair? Understanding contemporary links
between fashion, museum and nation. *Ethnologia Europaea, 42*(1), 54-63.

57 Anita Jóri, & Martin Lücke. (2020). *The new age of electronic dance music and
club culture.* Berlin: Springer.

58 이소영. (2022). 이태원 한국인 의류상인의 '이국성' 만들기: 이태원의 장소
정체성에 대한 역사적 접근. 비교문화연구, 28(2), 49-96.

59 조각보. (2012. 4. 25). 조양복점, 미군 맞춤에서 이태원 명소로. 이로운넷.
https://www.eroun.net/news/articleView.html?idxno=760

60 최종일. (2003). 이태원 공간에 나타난 '아메리카나이제이션(Americaniza-
tion)'에 관한 연구. [석사학위논문] 서울대학교.

61 이소영. (2022). 같은 논문.

62 한유석. (2013). 성소수자들의 공간 전유와 커뮤니티 만들기: 이태원 소방서
골목 사례 연구. 서울도시연구, 14(1), 253-269.

63 Sarah Thornton. (1996). *Club cultures: Music, media, and subcultural capital.*
Middletown & CT: Wesleyan University Press.

64 루인. (2012). 캠프 트랜스: 이태원 지역 트랜스젠더의 역사 추적하기, 1960~1989. 문화연구, 1(1), 244-278.

65 손성규. (2018). "트랜스"적인 드랙쇼: 관객 지향적 퍼포먼스의 유희성. 비교문화연구, 24(3), 55-92.

66 주디스 핼버스탬. (2015). 여성의 남성성. (유강은 옮김). 서울: 이매진.

67 박김수진. (2020). 여자X사람X친구: 레즈비언 생애기록. 서울: 씽크스마트.

68 김진애. (2019). 우리 도시 예찬: 그 동네 그 거리의 매력을 찾아서. 파주: 다산초당.

69 이준영. (2023). 서울시 힙플레이스의 유형별 특성. [박사학위논문] 경희대학교.

70 한국지역인문자원연구소. (2018). 같은 책.

71 이영근. (2015. 5. 6). 문득 서울 산책⋯시간의 거리 성수동. 매일경제. https://www.mk.co.kr/news/culture/6725097

72 엘리자베스 세멀핵. (2021). 신발, 스타일의 문화사: 샌들, 부츠, 하이힐, 스니커즈에 담긴 시대정신과 욕망. (황희경 옮김). 서울: 아날로그.

73 서울역사편찬원. (2016). 근현대 서울의 복식. 서울: 서울역사편찬원.

74 현대패션100년편찬위원회. (2002). 현대 패션 100년. 서울: 교문사.

75 서울역사박물관. (2015). 성수동=Seongsudong: 장인, 천 번의 두들김. 서울: 서울역사박물관.

76 김현주. (2023). 성수동 준공업지역 상업화의 도시형태학적 해석. [석사학위논문] 서울대학교.

77 박해영. (2024. 2. 15). 변화와 확장의 '2024 FW 서울패션위크', 3만8천 명이 즐겼다. 어패럴뉴스. https://www.apparelnews.co.kr/news/news_view/?idx=209799

78 김현수. (2024. 2. 14). 패션위크 맞아 런웨이로 변한 뉴욕⋯ 일주일에 부가가

치 1.2조 원 [글로벌 현장을 가다]. 동아일보. https://www.donga.com/news/
Opinion/article/all/20240214/123522737/1

79 남기범, & 장원호. (2016). 성수동 수제화산업의 지역산업생태계의 구조와 발
전방향: 지역산업생태계의 구성요소와 특성. 국토지리학회지, 50(2), 197-210.

80 서울역사편찬원. (2016). 같은 책.

81 박래현. (2005). 서울시 제화산업의 집적 특성 및 혁신환경 분석. 대한지리학
회지, 40(6), 653-670.

82 남기범, & 장원호. (2016). 같은 논문.

83 서울역사박물관. (2015). 같은 책.

84 서울역사박물관. (2015). 같은 책.

85 Christopher Breward, & David Gilbert. (2006). *Fashion's world cities*. Oxford &
New York: Berg.

86 엘리자베스 세멀핵. (2021). 같은 책.

87 김동현. (2015. 5. 8). [낙후된 부도심, 예술을 입다] 폐공장 지대였던 뉴욕 브
루클린, 신진 예술가 '둥지'로. 한국경제. https://www.hankyung.com/news/
app/newsview.php?aid=2015050834111

88 강은경. (2023. 5. 16). 성수동 MZ세대 방앗간, LCDC SEOUL [MZ 공
간 트렌드]. 매거진한경. https://magazine.hankyung.com/business/
article/202305105892b

89 Aaron Shkuda. (2016). *The lofts of SoHo: Gentrification, art, and industry in New
York, 1950–1980*. Chicago: University of Chicago Press.
Stephen Petrus. (2003). From gritty to chic: The transformation of New York
City's SoHo, 1962-1976. *New York History, 84*(1), 50-87.

90 이정은. (2016). 공장 지대에서 예술의 거리로~ 서울의 브루클린을 꿈꾸는 성

수동. 서울사랑. https://love.seoul.go.kr/articles/1698

91 양승호. (2017). 젠트리피케이션 체감지표 선정에 관한 연구: 서울특별시 상업지역을 중심으로. [박사학위논문] 광운대학교.

92 김태림. (2023. 5. 16). 한국의 미래 상권 성수, 모든 것이 모이는 곳 [상권 리포트⑥]. 매거진한경. https://magazine.hankyung.com/business/article/202305106721b

93 리처드 플로리다. (2008). 도시와 창조계급. (이원호, 이종호, 서민철 옮김). 서울: 푸른길.

94 Sharon Zukin, Valerie Trujillo, Peter Frase, Danielle Jackson, Tim Recuber, & Abraham Walker. (2009). New retail capital and neighborhood change: Boutiques and gentrification in New York City. *City & Community, 8*(1), 47-64.
김영재 & 박인권. (2023). 빅데이터를 활용한 젠트리피케이션 상권의 장소성 분류와 특성 분석: 서울시 14개 주요상권을 중심으로. 지역연구, 39(1), 3-20.

95 Barbara E. A. Piga, Daniel Siret, & Jean-Paul Thibaud. (2021). *Experiential walks for urban design: Revealing, representing, and activating the sensory environment.* Berlin: Springer.
이다혜. (2007). 발터 벤야민의 산보객(Flâneur) 개념 분석: 〈아케이드 프로젝트〉를 중심으로. [석사학위논문] 서울대학교.

96 김홍식. (2011). 현대 도시 산책자(Flâneur)로서의 장소성 연구: 연구자 작품을 중심으로. [박사학위논문] 이화여자대학교.

97 Elias le Grand. (2020). Representing the middle-class 'hipster': Emerging modes of distinction, generational oppositions and gentrification. *European Journal of Cultural Studies, 23*(2), 184-200.

98 이준영. (2023). 같은 논문.

배지예, & 김양희. (2019). 한국 힙스터(Hipster) 문화와 패션의 표현특성. 복식, 69(8), 42-56.

신명진, & 배정한. (2019). 힙스터 개념으로 해석한 성수동 재생 경관의 미적 함의. 한국조경학회 2019년도 춘계학술대회 논문집, 5-6.

Norman Mailer. (1957). The white negro: Superficial reflections on the hipster. San Francisco: City Lights Books.

99   이준영. (2023). 같은 논문.

100   Ico Maly, & Piia Varis. (2015). The 21st-century hipster: On micro-populations in times of superdiversity. *European Journal of Cultural Studies, 19*(6), 1-17.

Bjørn Schiermer. (2014). Late-modern hipsters: New tendencies in popular culture. *Acta Sociologica, 57*(2), 167-181.

Louise Thody. (2014). From working class to hipster flash: Locating Newcastle City in Newcastle Brown Ale. *Visual Culture in Britain, 15*(2), 173-191.

101   Tara Semple. (2022). *Hipsterism: A paradigm for modernity.* Wiesbaden: Springer VS.

102   n+1. (2011). 힙스터에 주의하라. (최세희 옮김). 서울: 마티.

103   Elias le Grand. (2020). 같은 논문.

104   이대희. (2016. 2. 20). 젠트리피케이션, 동네는 떴지만 우리는 슬프다. 프레시안. https://www.pressian.com/pages/articles/133384

105   양승호. (2017). 같은 논문.

106   송윤아, 송정은, & 이준기. (2023). 단계적 일상회복 이후 젠트리피케이션 영향 요인 분석. 한국컴퓨터정보학회논문지, 28(8), 175-186.

107   양승호. (2017). 같은 논문.

108   양승호. (2017). 같은 논문.

조현진. (2019). 젠트리피케이션 과정에서 나타나는 지방정부의 대응 정책에 관한 연구: 성수동 지역을 중심으로. [석사학위논문] 경희대학교.

109 Chris Townsend. (2002). *Rapture: Art's seduction by fashion since 1970*. London: Thames & Hudson.

110 P. A. Redfern. (2003). What makes gentrification 'gentrification'?. *Urban Studies, 40*(12), 2351-2366.

111 Luis del Romero Renau, & Laura Lara Martín. (2015). De barrio-problema a barrio de moda: gentrificación comercial en Russa-fa, El "Soho" valenciano. *Anales de Geografía de la Universidad Complutense, 35*(1), 187-212.

112 Kam Dhillon. (2016. 2. 4). Fashioning Gentrification. NOT JUST A LABEL. https://www.notjustalabel.com/editorial/fashioning-gentrification

113 박해영. (2023. 10. 12). 팝업스토어의 성지, 성수동 '선 넘었다'. 어패럴뉴스. http://www.apparelnews.co.kr/news/news_view/?idx=208010

114 Ha Kyeong Lee, & Youngchul Kim. (2022). *Luxury brand flagship store as an indicator of gentrification*. International Conference of Asian-Pacific Planning Societies 2022.

115 김태림. (2023. 5. 16). 같은 글.

116 정아름. (2016. 12. 22). [해외는 지금] 런던 쇼디치, 젠트리피케이션 어떻게 막았나. 아시아투데이. https://www.asiatoday.co.kr/view.php?key=20161222010015036

117 박지현. (2017. 8. 1). '뜨는 동네'에 생겨나는 문제, 젠트리피케이션. CEO&. https://www.ceopartners.co.kr/news/articleView.html?idxno=970
양승호. (2017). 같은 논문.

118 최수연, & 백현철. (2016. 2. 22). [젠트리피케이션을 막아라-중] 민관 공감대

형성해 젠트리피케이션 극복⋯'파리 · 런던 · 몬트리올' 살펴보니. 아주경제. https://www.ajunews.com/view/20160222105620006

119 Orvar Löfgren, & Robert Willim. (2005). *Magic, culture and the new economy.* Oxford: Berg.

120 예민희, & 임은혁. (2024). 국내 섬유 · 패션박물관의 현황 분석 및 방향 모색: 서울과 대구를 중심으로. 한국의류학회지, 48(3), 451-466.

121 Bethan Bide. (2021). Fashion city or museum of fashion? Exploring the mutually beneficial relationship between London's fashion industry and fashion exhibition at the Victoria and Albert Museum. *GeoHumanities, 7*(1), 217-234.

122 배두헌. (2020. 5. 3). 젠트리피케이션 같은 부정적 이슈 말고 다른 걸 취재하면 안되나요? [서울, 젠트리피케이션에 바래다]. 헤럴드경제. https://news.heraldcorp.com/view.php?ud=20200429001009&ACE_SEARCH=1

123 유니야 가와무라. (2022). 패셔놀로지: 사회학으로 시작하는 패션스터디즈 입문 (임은혁 외 옮김). 서울: 사회평론아카데미.